Friedrich August von Hayek zur Einführung

Hans Jörg Hennecke

Friedrich August von Hayek zur Einführung

JUNIUS

Junius Verlag GmbH
Stresemannstraße 375
22761 Hamburg
info@junius-verlag.de
www.junius-verlag.de

Umschlaggestaltung: Florian Zietz
Titelbild: Adam Smith Institute, London
Satz: Junius Verlag GmbH
Printed in the EU 2026
ISBN 978-3-88506-655-2
5., korrigierte Auflage 2026

Bibliografische Information der Deutschen Nationalbibliothek
Die Deutsche Nationalbibliothek verzeichnet diese Publikation in der Deutschen Nationalbibliografie; detaillierte bibliografische Daten sind im Internet über http://dnb.dnb.de abrufbar.

Zur Einführung ...

... hat diese Taschenbuchreihe seit ihrer Gründung 1978 gedient. Zunächst als sozialistische Initiative gestartet, die philosophisches Wissen allgemein zugänglich machen und so den Marsch durch die Institutionen theoretisch ausrüsten sollte, wurden die Bände in den achtziger Jahren zu einem verlässlichen Leitfaden durch das Labyrinth der neuen Unübersichtlichkeit. Mit der Kombination von Wissensvermittlung und kritischer Analyse haben die Junius-Bände stilbildend gewirkt.

Von Zeit zu Zeit müssen im ausufernden Gebiet der Wissenschaften neue Wegweiser aufgestellt werden. Teile der Geisteswissenschaften haben sich als Kulturwissenschaften reformiert und neue Fächer und Schwerpunkte wie Medienwissenschaften, Wissenschaftsgeschichte oder Bildwissenschaften hervorgebracht; auch im Verhältnis zu den Naturwissenschaften sind die traditionellen Kernfächer der Geistes- und Sozialwissenschaften neuen Herausforderungen ausgesetzt. Diese Veränderungen sind nicht bloß Rochaden auf dem Schachbrett der akademischen Disziplinen. Sie tragen vielmehr grundlegenden Transformationen in der Genealogie, Anordnung und Geltung des Wissens Rechnung. Angesichts dieser Prozesse besteht die Aufgabe der Einführungsreihe darin, regelmäßig, kompetent und anschaulich Inventur zu halten.

Zur Einführung ist für Leute geschrieben, denen daran gelegen ist, sich über bekannte und manchmal weniger bekannte Autor(inn)en und Themen zu orientieren. Sie wollen klassische

Fragen in neuem Licht und neue Forschungsfelder in gültiger Form dargestellt sehen.

Zur Einführung ist von Leuten geschrieben, die nicht nur einen souveränen Überblick geben, sondern ihren eigenen Standpunkt markieren. Vermittlung heißt nicht Verwässerung, Repräsentativität nicht Vollständigkeit. Die Autorinnen und Autoren der Reihe haben eine eigene Perspektive auf ihren Gegenstand, und ihre Handschrift ist in den einzelnen Bänden deutlich erkennbar.

Zur Einführung ist in verstärktem Maß ein Ort für Themen, die unter dem weiten Mantel der Kulturwissenschaften Platz haben und exemplarisch zeigen, was das Denken heute jenseits der Naturwissenschaften zu leisten vermag.

Zur Einführung bleibt seinem ursprünglichen Konzept treu, indem es die Zirkulation von Ideen, Erkenntnissen und Wissen befördert.

Michael Hagner
Dieter Thomä
Cornelia Vismann

Inhalt

Anhang

1. Einleitung

Es zeichnet einen Klassiker politischen Denkens vor den vielen bienenfleißigen und gelehrten Repräsentanten des Durchschnittsdenkens aus, dass sich in seinem Werk die kontroversen Fragen einer Zeit wie in einem Brennglas treffen. Oft sind es intellektuelle Störenfriede, die quer zum jeweiligen Zeitgeist stehen, gegen viele Widerstände das Denken ihrer Zeitgenossen und der nächsten Generation neu ausrichten und dabei über die jeweiligen Umstände hinaus grundsätzliche Ordnungsfragen menschlichen Zusammenlebens berühren. Nicht Hinterherdenken oder Mitdenken, sondern Vordenken zeichnet jene Klassiker aus, die dauerhaft in den Kanon politischer Ideen oder wissenschaftlicher Theorien aufgenommen werden.

Wer das kurze 20. Jahrhundert zwischen 1914 und 1989 als eine Ära der kollektivistischen Ideologien und ihrer totalitären Experimente zur Organisation von Wirtschaft, Gesellschaft und Politik begreift, wird Friedrich August von Hayek den Rang eines Klassikers politischen Denkens nicht vorenthalten können. Sein Leben und sein Werk standen von Anfang bis Ende unter dem Eindruck von Aufstieg und Fall des Sozialismus. Unter dem Einfluss der Österreichischen Schule der Nationalökonomie und in der Tradition der schottischen Aufklärung formulierte er eine Ordnungstheorie, die als moralphilosophischer Alternativentwurf zu den totalitären Ideologien seiner Zeit und ihren methodologischen Prämissen konzipiert war.

Hayek hat begründet, dass die Durchführbarkeit von Planwirtschaft an der unmöglichen Zentralisierung des benötigten Wissens scheitern müsse, und mit der These provoziert, dass die totalitäre Diktatur kein Betriebsunfall, sondern die unvermeidliche Konsequenz von planwirtschaftlicher Zentralisierung sei. Aus der Theorie des Marktes und des Wettbewerbs entwickelte Hayek eine umfassende Theorie spontaner Ordnung und kultureller Evolution, die den Erfolg der westlichen Zivilisation auf die Durchsetzung einer individualistischen Moralphilosophie zurückführte. Den in der Tradition der rationalistischen Aufklärung stehenden, über den Positivismus und Szientismus des 19. Jahrhunderts vermittelten Anspruch, diese Ordnung der individuellen Freiheit durch rationale Planung ersetzen und ganze Gesellschaften zur Verwirklichung konkreter Ziele organisieren zu können, betrachtete Hayek als – so der Titel seiner Dankesrede bei der Verleihung des Nobelpreises für Wirtschaftswissenschaften im Jahre 1974 – unhaltbare »Anmaßung von Wissen«, die in existenzielle Gefährdung durch Armut, Hunger und politische Unfreiheit münden müsse.

Diese wenigen Pinselstriche mögen genügen, um zu verdeutlichen, dass Hayek ein provokanter Denker war – kein Feiertagsliberaler für konsensuale Festreden, sondern der Vertreter eines ideologisch polarisierenden Freiheitsverständnisses, dessen Konturen durch den Blick auf die Probleme wirtschaftlicher und sozialer Ordnung und auf verfassungsrechtliche Konsequenzen deutlich werden. Spätestens seit den 1970er Jahren ist sein Werk Referenzpunkt für viele wissenschaftliche und politische Debatten um die Ordnungsfragen von Wirtschaft und Gesellschaft. Inzwischen gilt er als Klassiker des Liberalismus im 20. Jahrhundert, mit dessen Werk sich neben Ökonomen auch Philosophen, Juristen, Politik- und Sozialwissenschaftler oder Historiker beschäftigen. Das schlägt sich nicht nur in einer breiten

Sekundärliteratur nieder, sondern auch in dem Umstand, dass sich seither zahlreiche liberale Reformakteure sowohl in der westlichen Welt als auch in den Transformationsgesellschaften Lateinamerikas und Ost- und Mitteleuropas auf Hayek berufen haben.

Während sich die Forschung inzwischen auf eine verzweigte Sekundärliteratur stützen kann, mangelte es lange Zeit – bis auf wenige Ausnahmen[1] – an übersichtlichen Einführungen zu Leben und Werk für Studierende oder interessierte Laien in deutscher Sprache. Das vorliegende Buch versucht, dieser Aufgabe gerecht zu werden, indem es zunächst einen Überblick zu Hayeks Biografie und zum zeithistorischen Kontext seiner Ideen gibt. Die folgenden Kapitel lösen sich von der chronologischen Darstellung und bieten eine jeweils knappe Einführung in zentrale Themen des hayekschen Denkens. Mit Rücksicht auf den Kontext der Reihe, in der dieser Band erscheint, werden die im engeren Sinne ökonomischen Themen der Geld-, Konjunktur- und Kapitaltheorie insgesamt knapper behandelt, als dies aus Sicht von Fachvertretern möglicherweise geboten erscheint. Der Schwerpunkt soll auf grundsätzlichen Fragen der Ordnungstheorie, der Moralphilosophie und deren politischen Konsequenzen liegen, deretwegen auch Nichtökonomen ihr Interesse zunehmend auf Hayeks Denken richten. Im Schlusskapitel wird auf einige Fragen der Einordnung, Diskussion und Würdigung eingegangen. Es wäre allerdings mit dem Charakter einer knappen, auch für Einsteiger leicht verdaulichen Einführung, die auf die Darstellung der wichtigsten Gedankengänge konzentriert sein muss, nicht vereinbar, die verschiedenen Kontroversen über Auslegung, Einordnung und Deutung von Hayeks Werks ausführlich darzustellen oder gar eigene Positionen argumentativ zu entwickeln. Die Auswahlbibliografie weist den Weg in die umfassende Sekundärliteratur. Wer neben dieser Einführung nach einer

Möglichkeit sucht, sich einen ersten, übersichtlichen Eindruck von Hayeks Texten zu verschaffen, dem seien der gut sortierte Zitatenschatz in dem von Gerd Habermann herausgegebenen *Hayek-Brevier* sowie das von Viktor Vanberg herausgegebene *Hayek-Lesebuch* empfohlen.[2]

Ein abschließender Dank gilt der Friedrich-August-von-Hayek-Stiftung in Freiburg und dem Liberalen Institut in Zürich, von denen die Idee zu dem Buch ausging und die es durch eine großzügige finanzielle Unterstützung möglich gemacht haben.

Vorbemerkung zur zweiten Auflage

Allen Rezensenten, die mit ihren durchweg freundlichen, fairen und konstruktiven Besprechungen zur raschen Verbreitung der ersten Auflage beigetragen haben, sei herzlich gedankt. Für die zweite Auflage, die dankenswerterweise wiederum von der Friedrich-August-von-Hayek-Stiftung unterstützt wurde, wurden das Buch auf Fehler durchgesehen, die Literaturverweise aktualisiert und der Text an einigen Stellen ausgebessert.

Vorbemerkung zur dritten Auflage

Für die dritte Auflage wurde die inzwischen erschienene Literatur gesichtet und der Text durchgesehen.

2. Hayeks Lebensweg

Als politischer, intellektueller und kultureller Mittelpunkt eines Vielvölkerreiches, das von der greisen, unnahbaren Gestalt des Kaisers Franz Joseph zusammengehalten wurde, war die Stadt Wien um 1900 zu einem Schmelztiegel der Kulturen und zu einem Laboratorium der Moderne geworden. Doch der Glanz dieser Stadt war bereits matt und dämmrig, allerorten wehte ein Hauch des Morbiden. Die Völkerschaften des Riesenreichs strebten auseinander, die gesellschaftlichen und ideologischen Spannungslagen zwischen höfischem Adel, wohlhabendem Großbürgertum, bodenständigem Kleinbürgertum und der ärmlichen Welt der Arbeiter, Tagelöhner und Gestrandeten waren mit Händen zu greifen. In allen Zweigen des geistigen und künstlerischen Lebens wurde mit der Überlieferung gebrochen und regten sich neue Kräfte. Ob Musik, Architektur und Stadtplanung, Kunst, Literatur oder Wissenschaft – als die äußere und innere Macht der Monarchie morsch wurde, begann eine kulturelle, geistige und wissenschaftliche Blüte, die die Stadt zu einem faszinierenden Ort machte: »Es gibt buchstäblich keine Sphäre des Lebens [...], in der wir nicht von Genies umgeben waren. Das hat uns vielleicht ein bisserl verdorben«, schrieb Joseph Herbert Fürth, ein Studienfreund Friedrich August von Hayeks, rückblickend.[3]

An kaum einem anderen Ort ist um 1900 so viel angelegt, was den Charakter des 20. Jahrhunderts in Kunst, Literatur, Wissenschaft und Politik ausmachen sollte. Die Stadt Wien hat so viele Protagonisten des 20. Jahrhunderts hervorgebracht oder entscheidend geprägt, dass es nicht abwegig ist, ihre Bedeutung für die Moderne mit derjenigen Athens für das klassische Griechenland oder von Florenz für die Renaissance oder Paris für die Aufklärung zu vergleichen.

In diese anregende, zugleich aber auch verstörende und aufwühlende Welt wurde am 8. Mai 1899 Friedrich August von Hayek in der elterlichen Wohnung in der zum dritten Wiener Gemeindebezirk gehörigen Messenhausergasse 14 geboren. Die Hayeks zählten nicht zu den neuadeligen Professoren- und Beamtendynastien, von denen es im k.u.k. Wien nur so wimmelte, sondern verdankten ihr Adelsprädikat einem böhmischen Vorfahren, der als tüchtiger Unternehmer von Kaiser Joseph II. wenige Wochen vor dem Ausbruch der Französischen Revolution nobilitiert worden war – also noch eben zu einer Zeit, als Adel, wie Hayek selbstironisch zu betonen pflegte, noch etwas bedeutet hatte.

Freilich zerrann das beachtliche Familienvermögen in der Mitte des 19. Jahrhunderts. So konnte Hayeks Großvater Gustav zwar noch am ehrwürdigen Theresianum ausgebildet und hernach Marineoffizier werden, aber er entschied sich später für eine bescheidene Laufbahn im Schuldienst und unterrichtete als Biologielehrer unter anderem den jungen Otto Neurath. Gustavs Sohn August studierte Medizin und praktizierte als Arzt. Seine wissenschaftlichen Ambitionen und seine Leidenschaft galten, wovon mehrere Standardwerke zur Pflanzengeografie Österreichs Zeugnis ablegen, der Biologie. Sein imposantes Herbarium war eine der eindrücklichsten Erinnerungen, die Friedrich August von Hayek aus der Kindheit bewahrte. Vater Hayek wurde zwar zum Privatdozenten an der Wiener Universität ernannt, die ersehnte Professur blieb ihm allerdings verwehrt.

Wichtiger für das Prestige der Hayeks und ihren Zugang zu der akademischen Gesellschaft war die Familie der Mutter. Als

Tochter des Statistikers und Rechtsprofessors Franz von Juraschek und seiner Frau Johanna, einer geborenen Stallner, war Felicitas für den Arzt August von Hayek eine gute Partie. Die Jurascheks bewohnten auf der Kärntner Straße gegenüber der Staatsoper, dort, wo später das Hotel Bristol erbaut wurde, ein repräsentatives Appartement. Dieses war für die Großfamilie und für den weit in die Professoren- und Beamtenschaft hinein verzweigten Bekannten- und Freundeskreis des Großvaters ein regelmäßiger und standesgemäßer Mittelpunkt. Dort begegnete Enkelsohn »Fritz« von Kindesbeinen an herausragenden Persönlichkeiten des Wiener Lebens: ergrauten Berühmtheiten wie dem Ökonomen und Handelsminister Eugen von Böhm-Bawerk ebenso wie den späteren Nobelpreisträgern Karl von Frisch, Konrad Lorenz und Erwin Schrödinger. All das war freilich im Vergleich zu den Verwandten der Großmutter eine bescheidene Welt: Johanna von Jurascheks Cousine war jene Leopoldine Kalmus, die den sagenhaft reichen Großindustriellen Karl Wittgenstein heiratete und ihr Haus zum kulturellen Zentrum der Wiener Gesellschaft schlechthin machte. Dieser »Tante Poldi« verdankte der kleine »Fritz« die erste Automobilfahrt seines Lebens, und auch die einige Jahre älteren Wittgenstein-Teenager Ludwig und Paul gehörten zu den Erinnerungsbildern aus Hayeks Kindheit.

Während seine beiden jüngeren Brüder – Heinrich als Anatom und Erich als Chemiker – die naturwissenschaftliche Familientradition fortführten, setzten sich beim erstgeborenen Friedrich August sozialwissenschaftliche Interessen durch. Trotz seiner Intelligenz und vielseitigen Interessen durchlief Hayek die Schullaufbahn nur mit mäßigem Erfolg, bis er 1917 am Elisabeth-Gymnasium die Maturaprüfungen absolvierte.

Bereits zuvor war Hayek wie fast alle jungen Männer seiner Generation zum Kriegsdienst einberufen worden und wählte standesgemäß die Offizierslaufbahn. Bis auf einen lebenslang nachwirkenden Hörschaden, der durch die Detonation einer Granate verursacht wurde, kehrte Hayek unversehrt von der italienischen Front aus dem Krieg zurück. Ende August 1918 begegnete er auf einer Bahnfahrt inmitten betrunkener Offiziere auf dem Rückweg zur Front seinem Cousin Ludwig Wittgenstein, der damals das Manuskript seines *Tractatus* im Tornister hatte. Von dieser nächtlichen Unterhaltung blieb Hayek vor allem ein befremdlich anmutender Wahrheitsfanatismus seines außerordentlichen Verwandten in Erinnerung.

Nach dem Waffenstillstand vom November 1918 kehrte Hayek in eine Heimatstadt zurück, die von Hunger, Epidemien, wirtschaftlichem Chaos, politischen Unruhen und allgemeiner Perspektivlosigkeit geprägt war. In dieser Situation geistige Orientierung zu finden war für die jungen Soldaten nicht leicht. Neben Walther Rathenau, der mit seinen sozialistischen Schriften viele junge Kriegsteilnehmer in seinen Bann zog, richteten sich die Hoffnungen in der Nachkriegszeit auf den US-Präsidenten Woodrow Wilson und die demokratischen Ideale der »Vierzehn Punkte«. Mit Studienfreunden gründete Hayek daher im November 1918 eine »Demokratische Hochschüler-Vereinigung«.

Hayek, dem als Berufsziel eigentlich eine Karriere im diplomatischen Dienst vorgeschwebt hatte, nahm unmittelbar nach der Rückkehr in seine Heimatstadt ein rechtswissenschaftliches Studium auf. Am meisten beeindruckte ihn unter den Juristen – allerdings nur vorübergehend – der Rechtspositivist Hans Kelsen, in dessen Veranstaltungen er auch dem späteren Staatsrechtslehrer Hermann Heller begegnete. Als die Universität Wien im Winter 1919/20 aus Mangel an Heizmaterial schließen musste, verbrachte Hayek einige Wochen in Zürich, wo er bei einem Gehirnanatom arbeitete und Vorlesungen über Moritz Schlick hörte.

Die Aufmerksamkeit des Studenten Hayek reichte von Beginn an über das rechtswissenschaftliche Studium hinaus. Viel Zeit verbrachte er in philosophischen und psychologischen Vorlesungen, auch wenn die personelle Situation dieser Fächer kein stimulierendes Umfeld bot. Über Veranstaltungen bei Heinrich Gomperz oder Adolf Stöhr wurde er an das Werk des 1916 verstorbenen Ernst Mach herangeführt. In Auseinandersetzung mit Mach entstand im September 1920 eine rund vierzig Typoskriptseiten umfassende Ausarbeitung unter dem Titel *Beiträge zur Theorie der Entwicklung des Bewußtseins*.[4] In ihr unternahm Hayek den Versuch, eine Erklärung der Bewusstseinserscheinungen zu liefern, die nicht auf einem atomistischen Empfindungsbegriff beruht, welcher jeder Vorstellung eine bestimmte Zelle zuordnet, sondern auf der Verbindung physiologischer Elemente. Der Sinnesordnung mit ihren untereinander verbundenen Elementen komme, so Hayek, die Wahrnehmung der äußeren Eindrücke zu, die sie erfülle, indem sie die Erscheinungen in vorhandene Schemata einordne. Ständig werde die Sinnesordnung von äußeren Eindrücken geformt, indem neue Klassifikationen und neue Verbindungsmuster entstünden.

Dieses Thema legte Hayek jedoch beiseite und griff es erst ein Vierteljahrhundert später wieder auf, da er zügig sein Brotstudium abschließen wollte. Ohne eine Dissertation vorlegen zu müssen, wurde Hayek im November 1921 zum »Dr. iur.« promoviert. Eine erste berufliche Stellung fand er im Abrechnungsamt, einer nach dem Krieg geschaffenen Behörde, deren Aufgabe darin bestand, die Übernahme der Altschulden der Doppelmonarchie zu regeln und vermögensrechtliche Probleme der Friedensverträge zu bearbeiten. Einer seiner Vorgesetzten dort war Ludwig von Mises, der zwar ein glänzender theoretischer Kopf war, aber wegen seines doktrinären Liberalismus und seiner schroffen Persönlichkeit keine Aussichten hatte, an der Wiener Universität über den Status eines Privatdozenten hinaus Karriere zu machen. Wie manch anderer von den Verheißungen des Sozialismus ernüchterte Jungökonom wurde Hayek in dessen Bann gezogen und bekehrt. Mises' 1922 erschienenes Werk *Die Gemeinwirtschaft*[5], in dem der bahnbrechende und quer zu den herrschenden Auffassungen der Zeit stehende Nachweis geführt wurde, dass in Planwirtschaften ohne freie Preisbildung keine wirkliche Wirtschaftsrechnung möglich sei, wurde für Hayek zum intellektuellen Schlüsselerlebnis.

Parallel zu der Tätigkeit im Abrechnungsamt setzte Hayek nach 1921 sein Studium mit sozialwissenschaftlicher und nationalökonomischer Ausrichtung fort. Klugerweise baute er dazu nicht auf den Außenseiter Mises, sondern hielt sich an die mächtigen Ordinarien der Wiener Nationalökonomie, auch wenn es diesen an der geistigen Originalität von Mises mangelte. Denn die von Carl Menger begründete Tradition des methodologischen Individualismus in den Wirtschafts- und Sozialwissenschaften war in Wien nach dem Weltkrieg personell geschwächt. Sie wurde in Hayeks Studienzeit vor allem durch die Persönlichkeit des schon über siebzigjährigen Friedrich von Wieser repräsentiert, der in einigen wirtschaftspolitischen Fragen allerdings für sozialistische Positionen offen war, wie sie vor allem an der London School of Economics und in der mit dieser eng verbundenen Fabian Society verbreitet wurden. Erst recht konnten andere Ordinarien wie der Marxist Carl Grünberg oder der Vordenker des späteren »Ständestaates«, Othmar Spann, kaum als Gralshüter der mengerschen Lehre des methodologischen Individualismus gelten.

Aus Verärgerung über eine Seminarsitzung bei Othmar Spann beschlossen Hayek und einige Freunde im Herbst 1921, eine private Debattierrunde zu gründen, die angesichts ihrer handverlesenen und vielversprechenden Teilnehmer mehr als eine bescheidene Fußnote in der eindrucksvollen Kulturgeschichte der vielen Wiener Kreise der 1920er Jahre ist. Den harten Kern dieses »Geistkreises« bildeten exzellente Ökonomen wie Joseph Herbert Fürth, Gottfried Haberler, Fritz Machlup, Felix Kaufmann oder Oskar Morgenstern, die später als Wissenschaftler oder hochrangige Regierungsbeamte zu internationalem Ruhm gelangten, aber es waren auch nicht minder verheißungsvolle Geisteswissenschaftler wie Eric Voegelin, Alfred Schütz oder Friedrich Engel-Jánosi vertreten.

Obwohl Hayek ab 1922 regelmäßig Vorlesungen bei dem nach Wien gewechselten Philosophen Moritz Schlick hörte, hielt er sich von den Zusammenkünften des von Schlick inspirierten »Wiener Kreises« stets fern. Ausschlaggebend für diese Zurückhaltung war wohl, dass dessen wirtschaftspolitische Debatten von Otto Neurath dominiert wurden. Dieser frühere Berater der bayerischen Räterepublik verfocht die Idee, dass die Koordination von wirtschaftlichen Aktivitäten nicht länger durch Marktpreise und freien Geldverkehr, sondern durch zentralistische Planwirtschaft und Naturalrechnungseinheiten vorgenommen werden solle. Im Logischen Positivismus und der auf ihm aufbauenden Statistik und Utopistik sah er die wissenschaftlichen Voraussetzungen dafür, dass das für die Planungsentscheidungen erforderliche Wissen in einer zentralen Behörde zusammengefasst und vollständig durchsichtig und beherrschbar werde: Sozialisiert werden müsse von oben, und was mit dem Einzelnen zu geschehen habe, ergebe sich aus der Anlage des Ganzen, so brachte Neurath die politischen Konsequenzen unmissverständlich auf den Punkt.[6] Schon aus Sicht des jungen Hayek war dies ein unerträglicher und gefährlicher Unfug, der wissenschaftstheoretisch und wirtschaftspolitisch das Gegenteil von dem bedeutete, was aus dem methodologischen Individualismus und der Grenznutzenlehre der Österreichischen Schule folgte. Neuraths gesellschaftstechnisches Ideal war gewissermaßen das Urbild von Rationalismus, Positivismus, Szientismus und Sozialismus, gegen die sich Hayeks Kritik später im Detail richtete.

Nachdem Hayek im Februar 1923 mit einer Dissertation *Zur Problemstellung der Zurechnungslehre*[7], die er bei Othmar Spann und Hans Kelsen einreichte, das staatswissenschaftliche Doktorat erhalten hatte, machte er sich mit einem Empfehlungsschreiben von Joseph Alois Schumpeter im Gepäck auf den Weg in die USA. Ein knappes Jahr war er unterwegs, um sich mit der dort weit vorangetriebenen Konjunkturtheorie und zukunftsweisenden Methoden der Konjunkturbeobachtung zu befassen. Im Kontakt mit Wesley C. Mitchell und John B. Clark beschäftigte er sich in New York mit Fragen der Geldwertpolitik und empfing dort Impulse, die sein Arbeitsprogramm der kommenden Jahre prägen sollten.

Das gemeinsame Interesse an konjunkturtheoretischen Fragen ließ nach der Rückkehr aus den USA die Verbindung zu Mises enger werden. Hayek wurde in dessen legendäres »Privatseminar« eingeladen, in dem sich die meisten Freunde und Kollegen aus dem »Geistkreis« wiedertrafen. Die Zusammenkünfte waren hier freilich stärker auf sozialwissenschaftliche Theorie- und Methodenprobleme fokussiert, die Mises als Konkurrenzprogramm zu den Lehrveranstaltungen der nationalökonomischen Ordinarien diskutieren ließ. Er lud auch weibliche Teilnehmer und gelegentlich ausländische Gäste wie Frank Knight aus Chicago oder William Beveridge aus London ein, die der gute Ruf der Österreichischen Schule hin und wieder zu Vorträgen oder Konferenzen nach Wien lockte.

Mises schätzte Hayek und förderte ihn nach Kräften. Ihre gemeinsamen Bemühungen, die Konjunkturforschung auch in Österreich zu etablieren, mündeten Anfang 1927 in die Gründung des Österreichischen Instituts für Konjunkturforschung, dessen

Leiter und vorerst einziger Mitarbeiter Hayek wurde. Hayek konzentrierte sich nun ganz auf die Wissenschaft, was für die nächsten Jahre vor allem harte Pionierarbeit bedeutete: Neben Vorträgen und Artikeln zur Konjunkturforschung standen monatliche Konjunkturberichte im Mittelpunkt, in denen sich bald Vorgeschichte und Ablauf der Weltwirtschaftskrise widerspiegeln sollten.

Dass Hayek mit seinen geld- und konjunkturtheoretischen Interessen in der deutschsprachigen Fachwelt einen schweren Stand hatte, zeigte sich auf den Tagungen des »Vereins für Socialpolitik«. Gegenüber dem im Deutschen Reich dominierenden, in der Tradition Gustav Schmollers stehenden Wirtschaftshistorismus war die theoretisch ambitionierte Österreichische Schule personalpolitisch in der Minderheitsposition. Auf Tagungen wie derjenigen im Dezember 1928 in Zürich ergaben sich fast zwangsläufig Kontakte zu deutschen Nachwuchskräften wie Wilhelm Röpke, Walter Eucken oder Alfred Müller-Armack, die ihrerseits den Historismus und den »Kathedersozialismus« der alten Herren zu überwinden trachteten.

Hayek hatte es vor allem seiner Habilitationsschrift, die 1929 unter dem Titel *Geldtheorie und Konjunkturtheorie* erschien, zu verdanken, dass er pünktlich zum Ausbruch der Weltwirtschaftskrise als einer der vielversprechenden Konjunkturtheoretiker wahrgenommen wurde. Im Kontext der deutschsprachigen Debatte fand vor allem Beachtung, dass Hayek im Anschluss an Mises, Röpke und den Schweden Knut Wicksell mit einer monetären Konjunkturtheorie aufwartete. Im Kontext der internationalen Debatte hingegen, in der monetäre Konjunkturtheorien schon länger diskutiert wurden, bestand die Originalität Hayeks darin, dass er die Erklärung für Konjunkturverläufe nicht im allgemeinen Preisniveau, sondern in den handlungsleitenden relativen Preisen der verschiedenen Stufen des Produktionsprozesses suchte. Die entscheidende Ursache für Konjunkturschwankungen sah Hayek darin, dass »*infolge der Veränderlichkeit der Umlaufsmittelmenge der Zins, den die Banken fordern, nicht notwendig immer gleich mit dem Gleichgewichtszins ist, sondern in der Bewegung über kurze Fristen tatsächlich von den Liquiditätserwägungen der Banken bestimmt wird*«[8]. Konjunkturpolitisch zog Hayek daraus zwei Schlussfolgerungen: Zum einen hielt er eine frühzeitige Abbremsung der Kreditexpansion für möglich, zum anderen wandte er sich gegen das vielfach empfohlene Rezept des »erzwungenen Sparens«, dem gemäß die Kapitalbildung durch Gewährung von zusätzlichen Produktionskrediten auf Kosten des Konsums gesteigert werden sollte. Ein solches erzwungenes Sparen sei wahrscheinlich sogar der Krisengrund, und die Wiederherstellung der Proportionalität des Wirtschaftsaufbaus sei von ihm nicht zu erwarten.

Im Jahr der Weltwirtschaftskrise trafen Hayeks Überlegungen den Nerv der Zeit. Als ein Gegner aller Spielarten von Unterkonsumtionstheorien wies er sämtliche Überlegungen zurück, durch Stärkung der Nachfrage, staatliche Investitionsprogramme, Arbeitsbeschaffungsmaßnahmen, Ausdehnung der Geldmenge oder vergleichbare Aktivitäten die Konjunkturkrise zu überwinden. Wenn erst einmal eine übermäßige Ausdehnung des Produktionsapparates zutage getreten sei, so Hayek, führe an der Verminderung der Konsumgüternachfrage, notfalls über Lohnsenkungen oder Arbeitslosigkeit, kein Weg vorbei. Das Hinauszögern oder Unterdrücken der notwendigen Anpassungsprozesse der relativen Preise durch verschiedene Varianten der Kaufkraftstärkung lehnte Hayek als letztlich krisenverschärfend ab. Mit dieser Position setzte er sich zum einen in Widerspruch zu Röpke, der sich angesichts der Dramatik der politischen Lage ab 1931 zu der Haltung durchrang, dass die Krise in ein sekundäres, ökonomisch sinnlos gewordenes Stadium eingetreten sei und deshalb für den Moment eine »Initialzündung« und »Reiztherapie« notwendig sei, um den Produktionsprozess durch eine Stimulierung der Nachfrage überhaupt irgendwie wieder in Gang zu bringen und danach die ökonomische Rationalität wieder in ihr Recht einsetzen zu können.[9] Vor allem aber stand Hayeks Position in diametralem Widerspruch zur Unterkonsumtionstheorie von John Maynard Keynes, der die Weltwirtschaftskrise nicht wie Röpke als eine auch außerökonomisch zu erklärende Ausnahmesituation verstehen wollte, sondern sie als Musterfall ansah und aus ihr eine Konjunkturtheorie mit allgemeinem Erklärungsanspruch ableitete. Der intellektuellen Anziehungskraft dieser faszinierenden Persönlichkeit konnte sich Hayek nie ganz entziehen. Den schon damals berühmten Keynes schätzte Hayek nicht zuletzt wegen dessen Kritik an den ökonomischen Regelungen der »Vororteverträge« von 1919/20, in denen die Siegermächte des Ersten Weltkriegs Deutschland, Österreich und ihren Verbündeten harte und nicht eben weitsichtige Friedensbedingungen diktiert hatten. All dies hielt ihn jedoch nicht davon ab, Keynes' zweibändiges *A Treatise on Money*[10] von 1930 einer grundlegenden Kritik zu unterziehen und dessen makroökonomischer Unterkonsumtionstheorie mit einer mikroökonomischen Gegenposition zu erwidern. Angesichts des weiteren Gangs der wirtschaftspolitischen Entwicklungen im 20. Jahrhundert sollte sich die nun beginnende Kontroverse als dogmenhistorisch höchst bedeutsam erweisen. Aus Hayeks Sicht verlief sie aber insofern enttäuschend, als Keynes bald von zentralen Thesen seines Buches abrückte und damit die Kritik ins Leere laufen ließ.

Noch bevor die Kontroverse zwischen Hayek und Keynes 1931/32 ihren Höhepunkt erreichte, nahm Hayeks Karriere eine entscheidende Wendung, als er im Januar 1931 auf Einladung von Lionel Robbins vier Gastvorträge an der London School of Economics and Political Science (LSE) hielt. Die Auftritte, kurz darauf als *Preise und Produktion*[11] in Buchform erschienen, erregten großes Aufsehen. Standen in *Geldtheorie und Konjunkturtheorie* noch die monetären Ursachen der Konjunkturschwankungen im Mittelpunkt, widmete sich Hayek nun den realen Verschiebungen im Aufbau der Produktion und deren Auswirkungen auf den Konjunkturverlauf. Je länger und damit »kapitalistischer« die Produktionswege würden, desto mehr hänge von dem Verhältnis von Konsumgüternachfrage und Produktionsmittelnachfrage ab: Wenn die Konsumgüternachfrage steige, so erfordere diese zunächst neues Sparen, damit das notwendige Kapital zur Ausweitung der Produktionsgütererzeugung bereitgestellt werde. Vor diesem Hintergrund urteilte Hayek skeptisch über die politischen Möglichkeiten der Preisstabilisierung. Er warnte vor geldpolitischen Eingriffen, deren Wirkungen von ihren Urhebern nicht verstanden werden und die daher mehr oder weniger willkürlich sein müssten, und plädierte stattdessen für die Selbstordnungskräfte der allerorten infrage gestellten Goldwährung. Mehr oder weniger hielt er es für eine Illusion, die einmal eingetretenen Konjunkturschwankungen durch eine aktive Geldpolitik im Sinne der Geldwertstabilisierung zu beseitigen. Das einzige Mittel zur Vermeidung von Fehlleistungen in der Produktion sah Hayek darin, dass die Preise entsprechend der Produktivitätssteigerung fallen müssten. Allein durch die Stabilisierung der Produktionsgüterpreise sei die Stabilisierung des Geldwerts möglich.

Hayeks Position war eine konsequente Absage an konjunkturpolitische Kurpfuscherei jeder Art und wies jede Form von Interventionismus zurück. Dass freilich die politisch Verantwortlichen und die Wähler in Zeiten von Massenarbeitslosigkeit, Massenelend und politischer Radikalisierung solchen Empfehlungen nicht folgen wollten und lieber auf konjunkturpolitischen Interventionismus im Sinne von Keynes setzten, kann nicht überraschen. Doch zumindest in der Fachwelt machten die Gastvorträge vom Januar 1931 so großen Eindruck, dass sie dem Zweiunddreißigjährigen als erstem Ausländer überhaupt eine Berufung an die LSE eintrugen. Dort lag er mit Kollegen wie Lionel Robbins oder Arnold Plant in vielen Fragen zwar auf einer Wellenlänge. Aber im Übrigen dominierte an der 1895 gegründeten Hochschule eine moderat sozialistische Grundhaltung, die in den 1930er Jahren vor allem von Sidney und Beatrice Webb, Harold Laski und William Beveridge verkörpert wurde.[12]

In seiner Antrittsvorlesung *The Trend of Economic Thinking*[13] von 1933 deutete Hayek an, dass seine bisherigen geld- und konjunkturtheoretischen Arbeiten Teilaspekte einer umfassenden ordnungstheoretischen Fragestellung seien, die für ihn immer mehr in den Mittelpunkt rücken und zum Leitmotiv seines Werks werden sollte: Er sprach davon, dass das spontane Wechselspiel der Handlungen von Individuen etwas produziere, das nicht bewusstes Objekt ihrer Handlungen, sondern ein Organismus sei, in dem jeder Teil eine notwendige Funktion für den Fortbestand des Ganzen erfülle, ohne dass ein menschlicher Geist all dies entworfen habe. Der Funktionszusammenhang dieses Organismus sei der eigentliche Gegenstandsbereich der ökonomischen Theorie.

Gegenüber der makroökonomischen Revolution, die Keynes von Cambridge aus lostrat, geriet Hayek freilich in die Defensive. Aus Verärgerung darüber, dass Keynes sich nach seiner kritischen Besprechung von *A Treatise on Money* losgesagt und damit die Kritik unterlaufen hatte, verzichtete er 1936 auf eine Besprechung von Keynes' neuem Werk *The General Theory of Employment, Interest, and Money.*[14] Diesen taktischen Fehler bereute er zeitlebens, denn bis weit in die 1970er Jahre hinein sollte Keynes – oder präziser: der von dessen Anhängern entwickelte Keynesianismus – den wirtschaftspolitischen Zeitgeist prägen.

Zwar blieb Hayek an der LSE mit wirtschaftstheoretischen Einzelproblemen befasst und er legte sogar 1941 mit *The Pure Theory of Capital*[15] noch eine umfangreiche, allerdings kaum beachtete Kapitaltheorie vor. Aber seit Mitte der 1930er Jahre wandte er sich mit besonderer Aufmerksamkeit methodologischen Grundsatzfragen zu. Nur über deren Klärung – so seine Überzeugung – könnten die Fehlentwicklungen des ökonomischen Denkens, deren Ursachen er tief im Rationalismus der Neuzeit verwurzelt sah, korrigiert werden.

Erkennbar wurde dies bereits in dem 1935 von Hayek herausgegebenen Sammelband *Collectivist Economic Planning*.[16] Mit ihm positionierte sich Hayek im Sinne von Mises in der Debatte um Wirtschaftsrechnung im Sozialismus und wies den Glauben zurück, dass sich auch in einer Planwirtschaft Wettbewerb organisieren lasse. Deutlich unterschied Hayek das wirtschaftliche Problem der bestmöglichen Zuordnung knapper Mittel auf konkurrierende Zwecke von Problemen, wie sie in den Naturwissenschaften auftreten. Die Vorstellung, dass sich das wirtschaftliche Problem durch zentrale Planung lösen lasse, sah Hayek vor allem in der unzulässigen Übertragung naturwissenschaftlicher und technischer Denkweisen auf wirtschaftliche begründet.

Vor dem Hintergrund dieses methodologischen Nachdenkens war es kein Zufall, dass 1934 eine Verbindung zu Karl Popper entstand. Hayek las mit Begeisterung *Die Logik der Forschung*[17], lud Popper zu Vorträgen nach London ein und half dem akademischen *nobody* dabei, eine bescheidene Stelle in Neuseeland zu finden.

In diese Jahre fiel auch Hayeks methodologische Abnabelung von seinem Lehrer Mises. In dem wichtigen Vortrag *Economics and Knowledge*[18] von 1936 löste er sich von Mises' rationalistischen, aprioristischen und utilitaristischen Positionen. Um den Sozialismus schlüssig zu widerlegen, hielt es Hayek für erforderlich, sich von der Annahme eines vollkommenen Marktes, objektiver Daten und eines rationalen homo oeconomicus zu lösen. In dem begrenzten und verstreuten Wissen der einzelnen Individuen und ihren spontanen Handlungen, die ohne einheitlichen Plan zusammenfinden, sah er die entscheidenden Themen einer subjektivistischen Wirtschaftstheorie. Hier klangen bereits – mit Rücksicht auf Mises behutsam formuliert – evolutionstheoretische Argumente jenseits gleichgewichtstheoretischer Modellkonstruktionen an, wie sie für Hayeks Denken immer wichtiger werden sollten.

Die Reifung des Ökonomen zum Theoretiker menschlicher Ordnungen vollzog sich in den späten 1930er Jahren vor dem Hintergrund der weltweiten Zurückdrängung wirtschaftlicher und politischer Freiheit und des Vormarschs autoritärer und totalitärer Systeme, denen die westlichen Demokratien kaum noch geistige Widerstandskräfte entgegenzusetzen hatten. Der das 19. Jahrhundert so prägende Liberalismus war zu einem schmalen Rinnsal geworden. Wer sich wie Hayek dem klassischen Liberalismus noch zugehörig fühlte, fand sich isoliert und suchte nach Möglichkeiten, den Kontakt zu Gleichgesinnten herzustellen. Als Galionsfigur empfahl sich der amerikanische Publizist Walter Lippmann, der 1937 mit seinem gegen Roosevelts »New Deal«-Politik gerichteten Buch *The Good Society*[19] zur Revision und Erneuerung der liberalen Tradition aufrief. Lippmann zu Ehren wurde im Sommer 1938 in Paris von Louis Rougier ein Kolloquium organisiert, das rund dreißig liberale Wissenschaftler und Publizisten aus Europa und den USA zusammenführte – unter ihnen auch Hayek, der allerdings bei dem Treffen keine führende Rolle spielte. Die organisatorischen Impulse des Kolloquiums kamen wegen des baldigen Kriegsausbruchs über erste Ansätze nicht hinaus, gleichwohl galt es rückblickend als Geburtsstunde des Neoliberalismus, weil die nach dem Zweiten Weltkrieg von Hayek und anderen unternommenen Anläufe zur organisatorischen Zusammenführung liberaler Wissenschaftler, Publizisten und Politiker an das »Lippmann-Colloquium« anknüpften.

Hayek, der sich dem »Anschluss« Österreichs durch das Deutsche Reich im März 1938 persönlich durch die Annahme der britischen Staatsangehörigkeit entzogen hatte, bewunderte seit langem den einsamen Hinterbänkler Winston Churchill wegen dessen konsequenter Kritik an der Appeasement-Politik des Kabinetts Chamberlain. Der Ausbruch des Zweiten Weltkriegs brachte für Hayek zusätzliche Belastungen mit sich, da viele seiner Kollegen nach Kriegsausbruch zu Kriegs- und Regierungsaufgaben herangezogen wurden. Die Bombardierungen Londons, die Ungewissheit über das Schicksal von Angehörigen und Freunden in Wien und die Verlagerung der LSE nach Cambridge ließen ihn ernsthaft über einen Wechsel in die USA nachdenken. Die Beeinträchtigungen des täglichen Lebens, politische Kommentare zu der anfänglich zu allem Pessimismus berechtigenden Kriegslage, die mühsame Suche nach Neuigkeiten über das Schicksal von Kollegen und Bekannten in Deutschland und anderes mehr bildeten den Hintergrund für die geistige Arbeit, auf die sich Hayek in diesen Jahren zu konzentrieren versuchte.

Ähnlich wie seine beiden Korrespondenzpartner Röpke, der im exponierten Genf an seiner Trilogie *Die Gesellschaftskrisis der Gegenwart, Civitas humana* und *Internationale Ordnung*[20] arbeitete, und Popper, der im einsamen Neuseeland die beiden Bände von *The Open Society and its Enemies*[21] verfasste, sah Hayek im Kampf gegen den Totalitarismus seine Aufgabe an der geistigen Front.

Seine Ambitionen waren auf ein größeres Vorhaben gerichtet, das seit Ende 1940 in Korrespondenz und Skizzen unter dem Arbeitstitel *The Abuse and Decline of Reason* auftauchte. Ein erster Teil sollte als *The Collectivist Hybris* eine historische Darstellung der Anwendung szientistischer Methoden in den Sozialwissenschaften umfassen und wurde tatsächlich in Aufsätzen über den Positivismus von Saint-Simon und Comte sowie über den Idealismus Hegels dargelegt. Doch alles Weitere blieb im Wesentlichen Programm: Historismus und Kathedersozialismus, bismarcksche Sozialgesetzgebung, Bankenwesen und Industrie des späten 19. Jahrhunderts in Deutschland, die Vorgeschichte von Fabianismus, Tory-Sozialismus und der Niedergang des Freihandelsgedankens in England und schließlich die Entwicklung vom Historismus über Pragmatismus und Behaviorismus zu Institutionalismus, Technokratie und Ökonometrie in den USA. Während dieser erste Teil das Wachstum der zeitgenössisch dominierenden Ideen nachzeichnen sollte, hätte ein zweiter Teil, *The Totalitarian Nemesis*, die Wirkung dieser Ideen auf die soziale Ordnung in den totalitären Systemen der Zeit darlegen sollen. Im Kern ging es Hayek darum aufzuzeigen, wie sich im Gefolge der rationalistischen Aufklärung eine szientistische und positivistische Grundhaltung durchsetzte, die Erkenntnismethoden und Planungsvorstellungen aus den Natur- und Ingenieurwissenschaften auf Gegenstände der Sozialwissenschaften übertrug. Den Glauben an die vernunftgesteuerte Konstruktion gesellschaftlicher Ordnung, wie ihn die ganze sozialistische Bewegung kennzeichnete, sah Hayek als Wegbereiter der totalitären Systeme des 20. Jahrhunderts an – der kommunistischen ebenso wie der faschistischen und des nationalsozialistischen. Einer der Untertitel, die Hayek für das Gesamtprojekt erwog, brachte dies auf den Punkt: »Through Socialism to Fascism (From Saint-Simon to Hitler)«[22].

Bis auf einige Aufsätze, die zwischen 1942 und 1944 in der LSE-Zeitschrift *Economica*[23] erschienen, blieb dieses große Projekt jedoch ein Fragment. Was Hayek vollendete, war lediglich eine an das breite Publikum gerichtete Streitschrift, die freilich mehr, als es ein gediegenes ideenhistorisches Werk je vermocht hätte, über Nacht seinen ideologischen Ruhm begründete. *The Road to Serfdom*[24], wie er das Buch in Anlehnung an eine berühmte Stelle bei Tocqueville betitelte, war bei seinem Erscheinen im März 1944 ein höchst unkorrektes Werk. In Großbritannien, das mit der Sowjetunion verbündet war und sich soeben mit dem Beveridge-Plan in eine wohlfahrtsstaatliche Zukunft aufmachte, musste es weiten Teilen der Öffentlichkeit wegen seiner radikalen Kritik an der Planwirtschaft geradezu als Sakrileg erscheinen. Es ging Hayek inzwischen weniger um den bereits früher erbrachten Nachweis, dass jede Planwirtschaft ohne ein freies Preissystem in der Wirtschaftsrechnung kläglich versagen und zu Armut, Not und Hunger führen müsse, sondern um eine brisantere These: Planwirtschaft sei mit Freiheit und Demokratie letztlich unvereinbar und müsse unvermeidlich in den Totalitarismus führen. So wie die schleichende Anerkennung sozialistischer Planungsvorstellungen seit Bismarck Deutschland allmählich für die politische Diktatur des Nationalsozialismus empfänglich gemacht habe, so befinde sich nun auch Großbritannien mit fünfzig Jahren Verzögerung auf derselben abschüssigen Bahn – auf dem Weg zur Knechtschaft. Den sozialistischen Bewegungen – »kultivierten Eltern, die barbarische Nachkommen gezeugt haben« – warf Hayek vor, »die meisten Instrumente zur geistigen Abrichtung« geschaffen zu haben, »von denen dann auch die Nationalsozialisten und Faschisten so wirksam Gebrauch gemacht haben. [...] Der Gedanke einer politischen Partei, die alle Tätigkeiten des Individuums von der Wiege bis zur Bahre umspannt, die den Anspruch erhebt, die Ansichten des einzelnen über alles und jedes zu bestimmen, und die darin schwelgt, alle Probleme zu Fragen der Weltanschauung der Partei zu machen, wurde zuerst von den Sozialisten in die Praxis umgesetzt.«[25]

Mit *The Road to Serfdom* gelang Hayek, dessen Schreibstil sowohl im Deutschen als auch im Englischen bis dahin eher sperrig war, ein kraftvolles Buch mit publizistischer Durchschlagskraft und politischer Fernwirkung. Einer der ersten Rezensenten des provokanten Buchs war George Orwell. Seine Besprechung bildete ein wichtiges Verbindungsglied zwischen der gegen den stalinistischen Personenkult, aber nicht gegen den Sozialismus an sich gerichteten Fabel *Animal Farm* und dem antitotalitären Roman *1984*.[26] Trotz der Kriegsbedingungen entwickelte sich *The Road to Serfdom* zu einem Bestseller, dessen Erfolg Hayek zu einer öffentlichen Person werden ließ. Durch eine *Reader's-Digest*-Kurzfassung und eine handliche Comic-Version[27] wurde sein Ruhm auch in die USA getragen, wo eine regelrechte Vortragstournee Hayek seine Popularität im Frühjahr 1945 vor Augen führte.

Orientierend wirkte sein Buch in erster Linie auf die akademische und politische Jugend, die – wie die Oxforder Chemiestudentin Margaret Roberts, später verheiratete Thatcher – erst in den 1970er Jahren an einflussreiche Positionen gelangen sollten. Kurzfristig war ihm jedoch kein politischer Erfolg beschieden: Zwar machte sich Churchill im Wahlkampf 1945 in seinen berüchtigten »Gestapo-Reden« Hayeks Thesen zu eigen, erlitt aber mit diesem gegen den wohlfahrtsstaatlichen Zeitgeist gerichteten Konfrontationskurs kläglich Schiffbruch, so dass er noch während der Potsdamer Konferenz die Downing Street für den Labour-Führer Clement Attlee räumen musste. Trotz dieses Debakels blieb Hayek, der als Augenzeuge die berühmte Zürcher Rede Churchills im September 1946 miterlebte, ein glühender Bewunderer dieses Staatsmanns und hatte stets dessen Porträt auf dem Schreibtisch stehen.

Dass Hayek nach *The Road to Serfdom* nicht mit aller Macht in die Rolle des publizistischen Antreibers und Meinungsmachers der Tagespolitik strebte, sondern seine Berufung nach wie vor in der theoretischen Grundlagenarbeit sah, wurde darin erkennbar, dass er sich ab 1945 einem Thema zuwandte, das ihn zu seinen geistigen Wurzeln zurückführte: Nach einem Vierteljahrhundert kam er auf seine studentischen *Beiträge zur Theorie der Entwicklung des Bewußtseins* zurück und erweiterte diesen frühen Entwurf bis 1952 zu dem Band *The Sensory Order. An Inquiry into the Foundations of Theoretical Psychology*[28], ein schwerfällig geschriebenes, durch seine abstrakte Argumentation sehr unzugängliches Buch, das auf den ersten Blick kaum erahnen lässt, dass es von demselben Autor stammte, der erst kurz zuvor seine Eloquenz und Scharfzüngigkeit unter Beweis gestellt hatte. Mit *The Sensory Order* unternahm Hayek den Versuch, eine psychologische Grundlegung seiner Theorie menschlicher Ordnungen zu entwickeln, indem er die Frage aufwarf, wie der Mensch mithilfe seines Nervensystems die äußere, physikalische Welt wahrnimmt und aus diesen Erfahrungen eine sensorische Ordnung aufbaut, die ihm hilft, mit der Komplexität der äußeren Wirklichkeit umzugehen, Wissen um Regeln zu erwerben und daraus Verhaltensweisen abzuleiten, die ihm das Überleben in der Umwelt sichern. Hayek skizzierte den Geist als eine sensorische Ordnung, die von der Geschichte der Erfahrungen des Individuums geprägt ist und sich evolutionär-spontan anpasst. Die grundlegende These seines studentischen Frühwerks, dass nämlich die Vorstellung eines Zellengedächtnisses zurückzuweisen sei und dass die sensorische Ordnung sich vielmehr aus den Relationen der Sinneseindrücke zueinander bilde, baute Hayek nun aus und betonte die Bedeutung des Erkennens von Mustern und Regeln solcher Relationen: Das Gedächtnis speichere Wissen um Schemata und gehe daher dem Erkennen konkreter Einzelheiten voraus. Diese subjektiven Interpretationsvorgänge als Grundlage menschlichen Verhaltens zu erklären sah Hayek als Kernaufgabe der Sozial- und Geisteswissenschaften an, während alle Versuche, sich mithilfe der exakten Naturwissenschaften in eine Welt »objektiver Tatsachen« zu flüchten, zum Scheitern verurteilt seien. Hayek war immer davon überzeugt, dass die Arbeit an diesem schwierigen Buch ihm sehr geholfen habe, seine späteren Vorstellungen von kultureller Evolution, von spontaner Ordnung und über die Erklärung komplexer Phänomene herauszubilden. Umso mehr bedauerte er es stets, dass das Buch selbst unter Freunden und Anhängern nur wenig Aufmerksamkeit und Anerkennung fand.

Während Hayek sich in die Arbeit zu *The Sensory Order* vertiefte und zurückzog, konnte er in den Nachkriegsjahren zumindest eine praktische Idee in die Tat umsetzen, die ihn seit 1944 intensiv beschäftigte: in Anknüpfung an das »Lippmann-Colloquium« von 1938 unternahm er einen zweiten, diesmal erfolgreichen Versuch zur Zusammenführung der verstreuten Liberalen aus aller Welt. Nach mühsamen Vorbereitungen war es Ostern 1947 so weit: In einem Hotel unterhalb des Mont Pèlerin am Nordufer des Genfer Sees kamen auf Einladung Hayeks 39 Ökonomen, Philosophen, Historiker und Publizisten zusammen, um sich der geistigen Erneuerung des Liberalismus zu widmen. Die Liste der Anwesenden war illuster: neben vielen anderen prominenten Namen sein Lehrer Mises, der von Hayek kurz zuvor an die LSE geholte Popper, der Philosoph Hans Barth, Historiker wie Cecily V. Wedgwood und Erich Eyck, der junge Milton Friedman, dazu Bertrand de Jouvenel, Wilhelm Röpke, Michael Polanyi und als einziger Teilnehmer aus Deutschland Walter Eucken. Die Sitzungen waren den von Hayek vorgeschlagenen Themen gewidmet: freier Wettbewerb, Probleme und Chancen einer europäischen Föderation, die Zukunft Deutschlands, Geschichtsschreibung und politische Erziehung, Liberalismus und Christentum. Man beschloss die Gründung einer Gesellschaft, die nicht auf Außenwirkung, sondern auf den persönlichen Gedankenaustausch der in ihren Heimatländern oftmals isolierten Mitglieder bedacht sein sollte.

Dass das Gründungstreffen nicht frei von persönlichen und ideologischen Spannungen war, zeigte sich u.a. bei der Namenswahl. Hayeks Vorschlag, die Gesellschaft nach den beiden Katholiken Lord Acton und Alexis de Tocqueville zu benennen, war für einige atheistische Teilnehmer nicht akzeptabel, so dass man sich schließlich auf den neutralen Vorschlag verständigte, sie nach dem Ort des Treffens »Mont Pèlerin Society« zu benennen. Hayek wurde erwartungsgemäß zum ersten Vorsitzenden gewählt und übte das Amt mit Unterstützung des als Sekretär und Geldeinwerber fungierenden Albert Hunold, eines Schweizer Unternehmers, bis 1960 aus.

Kurz nach Gründung der Mont Pèlerin Society entschloss sich Hayek dazu, London und die LSE zu verlassen. Der Kurs der Labour-Regierung, die in seinen Augen durch ihre fortschreitende Politik der Sozialisierung, Planwirtschaft, Währungszwangswirtschaft und Autarkie die düsteren Prognosen aus *The Road to Serfdom* zu verwirklichen drohte, mochte zu dem Entschluss beigetragen haben. Der eigentliche Hintergrund war jedoch privater Natur: Die seit 1926 bestehende Ehe mit seiner Frau Hella, aus der Tochter Christine und Sohn Laurence hervorgegangen waren, war gescheitert. Hayek wusste seit vielen Jahren, dass es ihn zu seiner Jugendliebe Helene Warhanek hinzog, die während Hayeks frühem USA-Aufenthalt einen anderen Verehrer geheiratet hatte. Während einer Gastprofessur in Fayetteville/Arkansas 1949/1950 leitete er gegen den Willen seiner Frau die Scheidung ein und heiratete bald darauf Helene, deren Mann in die Scheidung eingewilligt, aber kurz vor deren Vollzug unerwartet gestorben war.

Während Hella und die beiden Kinder in England blieben, wechselte Hayek, für den die Scheidung auch zur Entfremdung von seinen Londoner Kollegen führte, 1950 an die Universität Chicago. Bis 1962 wirkte er dort jedoch nicht als Ökonom, sondern ganz im Sinne der von ihm verehrten Aufklärungstradition eines Adam Smith oder David Hume als Professor für »Social and Moral Sciences« und als Mitglied des »Committee on Social Thought«.

In der lange Zeit unterdrückten Liebe zu Helene sah Hayek eine Parallele zu der Beziehung zwischen Harriet Taylor und John Stuart Mill, zu dessen besten Kennern Hayek zählte, auch wenn sich in die Bewunderung für den vielseitigen Ökonomen, Philosophen und Politikwissenschaftler zunehmend kritische Wahrnehmungen einmischten, bis Hayek ihn schließlich für das Abdriften des klassischen Liberalismus in den Sozialismus verantwortlich machte. Sein Nachempfinden der biografischen Parallelen ging so weit, dass Hayek 1951 den Briefwechsel zwischen Mill und Taylor in einem einfühlsam moderierten Band edierte[29] und sogar die Stationen der mediterranen Hochzeitsreise von Mill und Taylor nach exakt einhundert Jahren 1954 mit seiner Frau wiederholte.

Neben Mill widmete sich Hayek Mitte der 1950er Jahre einem zweiten Steckenpferd. Eine Zeit lang war er mit einer Biografie über seinen 1951 verstorbenen Verwandten Wittgenstein befasst, die allerdings wegen ergebnisloser Verhandlungen über Zitierrechte schließlich im Sande verlief.[30] Nach der Militärepisode von 1918 und einer weiteren Zufallsbegegnung zehn Jahre später fielen die weiteren Treffen Hayeks und Wittgensteins in die gemeinsame Zeit in Cambridge, wo Hayek den eigenbrötlerischen Philosophen – ähnlich, wie es einige Jahre später auch Popper widerfuhr – als schürhakenfuchtelnden Diskussionsteilnehmer erlebte. Eine letzte Begegnung 1948 während einer Schlafwagenfahrt aus Wien blieb ähnlich skurril-anekdotisch und belanglos. Wirklich philosophische Gespräche führten beide nicht miteinander, obwohl beider Werke durchaus Berührungspunkte im Verständnis der Entstehung und Befolgung von Regeln haben.

Den größten Teil der 1950er Jahre widmete Hayek der Ausarbeitung von *The Constitution of Liberty*[31], das er zu seinem sechzigsten Geburtstag im Mai 1959 abschloss und das im folgenden Jahr erschien. War die Gründung der Mont Pèlerin Society der Versuch einer organisatorischen Sammlung der verstreuten Liberalen aus aller Welt, so bestand der Zweck dieses Buches darin, eine Philosophie der Freiheit zu formulieren und damit an eine geistige Tradition anzuknüpfen, die im Verlaufe des 19. Jahrhunderts in arge Bedrängnis geraten war. Angetrieben wurde Hayek dabei von der Sorge, dass das Verständnis für den Wert der Freiheit als Grundlage der westlichen Zivilisation immer mehr in Vergessenheit geraten sei und Missachtung erfahre. Erst in der Konfrontation mit dem Kommunismus als einem völlig gegensätzlichen System habe sich gezeigt, dass der Westen keine klare Vorstellung mehr von Zielen und Grundsätzen habe, die er der sowjetischen Ideologie gegenüberstellen könne, und deshalb beimWettbewerb um die moralische Unterstützung der Völker im Nachteil sei. Um das Ideal der Freiheit mit Blick auf den ideologischen Weltbürgerkrieg neu zu formulieren und die Überlieferung des Freiheitsgedankens wiederzubeleben, ging Hayek in dem politisch ambitionierten, aber keineswegs eingängigen oder anspruchslosen Buch in drei Schritten vor: Der erste Teil versuchte, die Frage zu beantworten, warum wir überhaupt Freiheit brauchen, der zweite Teil war den Einrichtungen gewidmet, die die westliche Welt im Laufe der Zeit hervorgebracht hatte, um Freiheit zu sichern, der dritte Teil schließlich versuchte, die Prinzipien auf einige praktische Probleme anzuwenden. Dementsprechend definierte Hayek den Begriff Freiheit zunächst in Abgrenzung zu »Zwang« und erörterte seine Bedeutung für Fortschritt in einer schöpferischen Zivilisation und sein Verhältnis zur Mehrheitsherrschaft, zu Gleichheit und Unabhängigkeit, bevor er einen verfassungs- und ideenhistorischen Rückblick auf Gesetzesherrschaft, Konstitutionalismus, Rechtsstaat und persönliche Freiheitsrechte lieferte. Unter dem Eindruck des Verfalls freiheitlicher Institutionen und ihrer Herausforderung durch das sozialistische Ideal thematisierte Hayek im letzten Teil praktische Probleme von Beschäftigung und sozialer Sicherheit über Besteuerung und Währungspolitik bis hin zu Wohnungswesen, Raumplanung, Erziehung und Forschung. Das vielbeachtete Schlusskapitel diente Hayek mit Blick auf die amerikanische Szene der Abgrenzung vom Konservatismus.

Das Erscheinen dieses Buchs wurde für Hayek von einer schweren Krise in der Mont Pèlerin Society überschattet, in der er selbst, anders als sein nervlich überforderter Nachfolger im Präsidentenamt, Wilhelm Röpke, die Fähigkeit zur akademischen Intrige aufblitzen ließ. In der Folge der im Winter 1961/62 eskalierenden Krise kam es zum Austritt etlicher Mitglieder und einer stärkeren Ausrichtung auf US-Amerikaner und Mitglieder aus bisher kaum repräsentierten Ländern. Die Krise führte im Ergebnis nicht nur zu einer größeren inhaltlichen Kohärenz der bis dahin in verschiedene Flügel aufgefächerten Gesellschaft, sondern leitete auch ein zügiges Ansteigen der Mitgliederzahlen ein. Seit Mitte der 1960er Jahre hatten die Jahrestreffen kaum noch etwas mit den ursprünglich recht intimen Runden zu tun und wuchsen sich zu großen Heerschauen des Neoliberalismus mit jeweils mehreren Hundert Teilnehmern aus. Über den politischen Einfluss der Gesellschaft bei der Ausbreitung des Neoliberalismus wurde vor allem seit den 1970er Jahren viel spekuliert, gehörten ihr im Laufe der Jahrzehnte doch nicht nur etliche Nobelpreisträger, sondern auch zahllose hochrangige Politiker an – neben etlichen Notenbankchefs, Finanz- und Wirtschaftsministern etwa der deutsche Bundeskanzler Ludwig Erhard, der italienische Staatspräsident Luigi Einaudi oder später der tschechische Präsident Václav Klaus. Dass die Gesellschaft von Beginn an eine gezielte Öffentlichkeitsarbeit und politische Stellungnahmen vermied, nährte manche an Antonio Gramscis Begriff der »kulturellen Hegemonie« angelehnte Verschwörungsfantasien. Ihre öffentliche Wirkung beruhte jedoch nicht auf eigenen operativen Formen der Beeinflussung oder Beratung, sondern auf der Tätigkeit ihrer einzelnen Mitglieder, denen die Gesellschaft Kontakt- und Austauschmöglichkeiten bot. Eine weiter gehende Rolle wurde zwar gelegentlich diskutiert, hätte aber wohl zu ernsten Zerreißproben geführt.[32]

Wissenschaftlich waren die frühen 1960er Jahre für Hayek krankheitsbedingt keine produktive Zeit. Aber noch einmal entschloss er sich zu einem Ortswechsel und nahm 1962 trotz seines inzwischen vorgerückten Alters einen Ruf an die Albert-Ludwigs-Universität Freiburg an, wo er sich anders als in Chicago wieder stärker mit Fragen der Wirtschaftstheorie und -politik befasste. Die öffentliche Resonanz auf Hayeks Wirken blieb in der Bundesrepublik jedoch begrenzt. Ohnehin hatte er sich nach 1945 nicht wirklich in den wirtschaftspolitischen Debatten der Bundesrepublik engagiert und hielt sich auch in der Freiburger Zeit mit Stellungnahmen zurück.

In den Freiburger Jahren entstand allmählich eine Serie von Aufsätzen und Vorträgen, in denen Hayek klassische Formulierungen für seine Ideen fand: *Arten des Rationalismus*, *Der Wettbewerb als Entdeckungsverfahren*, *Arten der Ordnung*, *Rechtsordnung und Handelnsordnung* – so lauten einige der Vorträge, auf die Hayek-Exegeten immer wieder zurückkommen, um die Grundlagen seiner Ordnungstheorie und einer liberalen Gesellschaftsordnung darzulegen. All diese *Freiburger Studien*[33] – so der Titel eines 1969 erschienenen Sammelbands – waren Vorarbeiten für ein größeres Projekt, dessen Niederschrift jedoch nur langsam vorankam.

Erst ab 1973 erschienen im Abstand von jeweils drei Jahren die Bände der Trilogie *Law, Legislation and Liberty*[34], mit denen Hayek eine Neuformulierung und Weiterentwicklung von *The Constitution of Liberty* vorlegte. Entwarf der erste Band eine Ordnungstheorie, für die sich Hayek über weite Strecken auf eine neue Terminologie stützte, so setzte sich der zweite Band mit dem Trugbild sozialer Gerechtigkeit auseinander und stellte diesem das Gegenbild einer marktlichen Ordnung oder »Katallaxie« gegenüber. Der Schlussband wiederum bot eine verfassungs- und demokratietheoretische Skizze für die politische Ordnung eines freien Volkes, in der Hayek Regeln zur Gewaltenteilung und zur Begrenzung staatlicher Macht entwarf.

Lange bevor der erste Band erscheinen konnte und als in Freiburg seine Emeritierung unvermeidlich wurde, entschloss sich der inzwischen siebzigjährige Hayek 1969 dazu, nach fast vierzig Jahren in sein Heimatland zurückzukehren und eine Gastprofessur an der wiedergegründeten Universität Salzburg anzunehmen. Mit seinem Freund Popper schmiedete er Pläne für einen intellektuell anregenden Altersruhesitz. Um einen Hauskauf zu finanzieren, veräußerte er sogar seine wertvolle Privatbibliothek an die Universität. Doch am Ende überwog die Enttäuschung: Da die Wirtschaftswissenschaften nur als Nebenfach angeboten wurden, fehlte ihm ein aufgeschlossenes Publikum, zudem hemmte ihn ein lange Zeit unentdeckter Herzinfarkt, und schließlich wurde ihm mit fünfundsiebzig Jahren wie allen österreichischen Professoren die Lehrbefugnis entzogen. Die rigide Zollpolitik der Alpenrepublik und die sozialistische Bildungspolitik der Kreisky-Ära trugen ein Übriges zu dieser Serie von Enttäuschungen bei.

Wie aus heiterem Himmel kam da im Oktober 1974 die Nachricht, dass Hayek in Anerkennung seiner frühen geld- und konjunkturtheoretischen Arbeiten der Nobelpreis für Wirtschaftswissenschaften verliehen werden solle. Vermutlich diente er dem Nobel-Komitee als Feigenblatt, um den Vater des schwedischen Wohlfahrtsstaats, Gunnar Myrdal, zu ehren, mit dem Hayek die Auszeichnung pikanterweise teilen musste. Popper brachte auf den Punkt, was sich Eingeweihte denken mochten: »Wäre Keynes noch am Leben, so hätten sie vermutlich den Preis zwischen ihm und Dir geteilt.«[35]

Auch wenn Hayek sich eigentlich immer gegen die Einführung des Preises ausgesprochen hatte, wusste er den neuen Ruhm zu nutzen. Seine Dankesrede *The Pretence of Knowledge*[36] war eine scharfe Abrechnung mit all den Intellektuellen, die die Bedeutung spontaner Ordnungsbildung ignorierten und sich mit ihren konstruktivistisch-rationalistischen Stellungnahmen zu Fragen der politischen und wirtschaftlichen Ordnung in den Augen Hayeks einer Anmaßung von Wissen schuldig machten.

Galt Hayek kurz zuvor noch vielen Beobachtern als »paläoliberaler« Dinosaurier, den die Evolution auszusortieren vergessen hatte, so erlebte das Denken des Fünfundsiebzigjährigen nach der Verleihung des Nobelpreises eine unerwartete Renaissance, die ihn auf den Gipfel seiner politischen Wirkung führen sollte. Diese späte Anerkennung war jedoch weder Zufall noch allein auf den Nobelpreis zurückzuführen, sondern die Frucht einer jahrzehntelangen subkutanen Wirkung, die sich über mehrere Think Tanks vermittelte. Neben einigen Institutionen, die im Zuge der konservativen Bewegung in den USA in den 1960er und 1970er Jahren entstanden waren, konnte vor allem das bereits in den 1950er Jahren gegründete Institute of Economic Affairs (IEA) in London für sich in Anspruch nehmen, ein Transmissionsriemen hayekscher Theorien in die politische Praxis zu sein. Durch die Vermittlung des IEA und des späteren Ministers Keith Joseph geriet die konservative Parteivorsitzende Margaret Thatcher in den Bann von Hayeks Ideen und machte nie ein Hehl daraus, wie viel die von ihr in den 1980er Jahren geführte Regierung ihm verdankte. Hayek seinerseits war ein glühender Bewunderer der Iron Lady, auch wenn ihm Thatchers Politik in den ersten Jahren viel zu langsam und zögerlich erschien und er sie öfter zu mehr Wagemut anspornte.

Als der von Keynes und Galbraith inspirierte Wohlfahrtsstaat seit Anfang der 1970er Jahre in eine tiefe, von Arbeitslosigkeit, Staatsverschuldung und Inflation gekennzeichnete Strukturkrise hineingeriet, bot Hayek für liberale und konservative Kräfte ein attraktives Gegenprogramm. Anders als Milton Friedman, der der makroökonomischen Nachfragepolitik eine makroökonomische Angebotspolitik entgegensetzte und den Neoliberalismus vor allem in den USA und in Lateinamerika beflügelte, stand Hayek für eine grundsätzliche Zurückweisung der makroökonomischen Steuerungsillusionen und begründete aus mikroökonomischer Perspektive die Notwendigkeit einer auf freier Preisbildung und spontan-dezentraler Regelbildung beruhenden Ordnung. Mit diesem strikt marktwirtschaftlichen Bekenntnis fand Hayek angesichts der ökonomischen und moralischen Krise des Kommunismus zunehmend auch in Ost- und Mitteleuropa bei kritischen Ökonomen Gehör, die wie Václav Klaus, Ivan Miklos oder Leszek Balcerowicz nach 1989 für erfolgreiche wirtschaftspolitische Transformationsprozesse verantwortlich zeichneten.

Nach der Verleihung des Nobelpreises entfaltete Hayek eine weltweite Reisetätigkeit und war ein begehrter Kommentator der wirtschaftspolitischen Probleme der 1970er Jahre. Seine publizistische Tätigkeit erstreckte sich vor allem auf die Bekämpfung von Inflation, Arbeitslosigkeit, Wohlfahrtsstaat und Verbändemacht. Auch verfassungspolitische Fragen zur Demokratiekritik und Demokratiereform beschäftigten ihn. Als nach dem Zusammenbruch des währungspolitischen Bretton-Woods-Systems eine Diskussion über eine neue Weltwährungsordnung einsetzte und insbesondere in Europa Möglichkeiten der Koordination der Währungspolitik bis hin zum Fernziel einer gemeinsamen europäischen Währung diskutiert wurden, trat Hayek mit einem originellen Vorschlag hervor: Er forderte den freien Wettbewerb der Währungen und plädierte dafür, dass private Angebote neben das staatliche Währungsmonopol treten dürften. Zumindest – das war seine Konzession an die praktische Politik – sollten die europäischen Staaten anstelle einer langfristig anzustrebenden Währungsunion wechselseitig ihre Währungen als Zahlungsmittel überall anerkennen. Optimale Währungsräume – so die Idee hinter Hayeks Vorschlag – könnten nicht staatlich verordnet werden, sondern müssten sich aus einem Wettbewerb der Währungen herausbilden und zur Sicherung ihrer Anpassungsfähigkeit dauerhaft einem solchen Wettbewerb ausgesetzt sein. Dieser Wettbewerb würde insbesondere den Regierungen die Möglichkeit rauben, zugunsten wirtschafts- und sozialpolitischer Interventionen eine stabilitätswidrige Währungspolitik zu betreiben.[37]

Im Übrigen verlagerte sich Hayeks Aufmerksamkeit in den frühen 1980er Jahren auf ein Thema, das bereits im Schlusskapitel zu *Law, Legislation and Liberty* angeklungen war: das Phänomen der kulturellen Evolution und spontanen Ordnung. Hayek erarbeitete in Abgrenzung zu biologischen Evolutionstheorien eine Theorie kultureller Evolution, mit der die zivilisatorische Dynamik menschlicher Ordnung erklärt werden sollte. Die menschliche Zivilisation stellte für Hayek eine erweiterte und abstrakte Ordnung dar, die sich herausbilden konnte, weil sie andere Moralvorstellungen hervorgebracht und überliefert hatte als diejenigen, die lediglich für überschaubare Ordnungsformen wie Familie oder Horde angemessen waren. Das Überleben der Menschheit beruhe nahezu vollständig darauf, dass die moralische Ordnung, zu der insbesondere die Wahrung des Eigentums, Gerechtigkeit als Gleichheit vor dem Gesetz und die marktwirtschaftliche Selbstkoordination zählten, anerkannt bleibe. Die ganze sozialistische Idee war in Hayeks Augen eine zivilisatorische Sackgasse, ein Menschenexperiment, das die Grundlagen der Zivilisation und von Millionen menschlichen Existenzen infrage stellte und eher früher als später zum Scheitern verurteilt sei.

Dieses Alterswerk legte Hayek in mehreren Aufsätzen und Vorträgen nieder. Da aber seit Mitte der 1980er Jahre seine Kräfte nachließen, gelang es ihm nicht mehr, all diese Gedanken in einem letzten großen Buch zu entwickeln. Was 1988 unter dem Titel *The Fatal Conceit. The Errors of Socialism*[38] als erster Band der *Collected Works* erschien, trug daher fragmentarischen Charakter. Da der Popper-Biograf William W. Bartley, der Hayek bei der Arbeit an diesem letzten Buch unterstützte und dem dieser die Herausgabe der *Collected Works* und die Sorge um seine privaten Papiere anvertraute, großen Einfluss nahm, aber bald darauf verstarb, warf der Band sogleich einige quellenkritische und interpretatorische Probleme auf.

Den Fall der Berliner Mauer und die Implosion des sozialistischen Imperiums erlebte Hayek als kranker Greis noch am Fernsehgerät mit. »Ich wußte es! Ich wußte, dass es die jungen Menschen sein würden«, rief er seinem Sohn Laurence zu, als er im Herbst 1989 die Fernsehbilder vom Fall der Berliner Mauer sah.[39] Eine letzte große Ehrung widerfuhr ihm im November 1991, als ihm US-Präsident George Bush sr. die Presidential Medal of Freedom verlieh. Wenige Monate später, am 23. März 1992, starb Friedrich August von Hayek in Freiburg. Die Beisetzung des Agnostikers erfolgte nach katholischem Ritus auf dem Friedhof Neustift im Westen Wiens.

3. Die sensorische Ordnung: Psychologische und erkenntnistheoretische Grundlagen

Auch wenn im Laufe einer nahezu sieben Jahrzehnte umfassenden Publikationstätigkeit die Themenschwerpunkte, intellektuellen Einflüsse und politischen Zeitbedingungen unvermeidlich wechseln, beruht Hayeks weitgespanntes Denken auf einem einheitlichen philosophischen System und ist kontinuierlich und über alle intellektuellen Phasen hinweg auf ein Kernproblem ausgerichtet: die Erklärung menschlicher Ordnungsformen. Seine Beiträge zu den Sozial- und Wirtschaftswissenschaften können in einem umfassenden Sinne als Moralwissenschaft (*moral science*) bezeichnet werden, deren Vorbild Hayek vor allem in der schottischen Aufklärungstradition um David Hume, Adam Smith und Adam Ferguson fand.

Hayek war zwar ein exzellenter Kenner der Theoriegeschichte der Wirtschafts- und Sozialwissenschaften, der über einen ausgeprägten Ehrgeiz als bibliophiler Jäger und Sammler verfügte und bei vielen Gelegenheiten wichtige Anstöße für die Interpretation der ihn anregenden Denker gab. Aber die Theoriegeschichte diente ihm eher zur Unterfütterung und Präzisierung von theoretischen Überlegungen, die er auf gedanklich eigenständige Weise angestellt hatte. Der geeignete Ansatzpunkt zum Verständnis von Hayeks Werk ist daher nicht in Vergleichen mit anderen Klassikern wie Hume, Kant oder Mill zu suchen, sondern in den intellektuellen Anknüpfungspunkten, die er um 1920 in Wien vorfand. Dieses Milieu beschränkte sich nicht auf die Österreichische Schule der Nationalökonomie, in deren Tradition Hayek zunächst durch Friedrich von Wieser und später durch Ludwig von Mises eingeführt wurde, sondern umfasste in einem weiteren Sinne die zeitgenössischen Debatten in Naturwissenschaften und Philosophie, die in der geistigen Elite der Metropole geführt wurden.

Die wohl größte Anziehungskraft auf den nach Orientierung suchenden akademischen Nachwuchs ging am Ende des Ersten Weltkriegs von dem Werk des 1916 verstorbenen Physikers Ernst Mach aus, das allein schon deshalb von politischer Brisanz war, weil es sowohl Befürwortern einer sozialistischen Planwirtschaft zur theoretischen Grundlage ihrer Forderungen diente als auch Argumente gegen die metaphysische Staatslehre eines Othmar Spann bot. Es ist nicht nur ein biografischer Zufall, dass der erste wissenschaftliche Gehversuch des Studenten Hayek, das auf September 1920 datierte, aber erst 2006 publizierte Typoskript *Beiträge zur Theorie zur Entwicklung des Bewußtseins*, eine Auseinandersetzung mit Ernst Machs Vorstellungen über das »Zellengedächtnis« war.

Für denjenigen, der mit Hayeks Werk wenig vertraut ist, mag es auf den ersten Blick überraschen und als ein etwas beschwerlicher Umweg erscheinen, dass dieser Aufsatz, den der etablierte Ökonom 1952 zu dem Buch *The Sensory Order* ausarbeiten sollte, auch der systematische Ausgangspunkt für dessen Ordnungstheorie ist.[40] Hayek sieht aber in der Frage nach der Herausbildung und den Ordnungsprinzipien des menschlichen Bewusstseins den Schlüssel für die Ordnungsformen menschlichen Verhaltens und für die methodologischen Anforderungen an die Wissenschaften, die das menschliche Verhalten theoretisch erfassen wollen. Der methodologische Individualismus Hayeks erschöpft sich also nicht in der Rezeption des Subjektivismus der Österreichischen

Schule der Nationalökonomie, wie er vor allem in deren Lehre vom subjektiven Grenznutzen eines Gutes für einen wirtschaftlichen Akteur verankert ist, sondern stützt sich auch auf sein Interesse an den psychologischen und biologischen Voraussetzungen menschlichen Verhaltens. Zu verstehen, wie der Mensch seine Umwelt wahrnimmt und wie die Wahrnehmung der Umwelt sein Bewusstsein prägt, ist der erste Schritt zu einem subjektivistischen Verständnis der Ordnung menschlichen Zusammenlebens. Hayek geht es um den Nachweis, dass das Bewusstsein nichts Selbständiges, kein über oder neben den Dingen der äußeren Welt Stehendes sei, sondern auf der Fähigkeit beruhe, Sinneseindrücke zu klassifizieren und sich aus dem Wiedererkennen von Regelmäßigkeiten als Klassifikationsapparat spontan zu entwickeln. Anders formuliert ist für Hayek die Rationalität des Menschen nicht a priori gegeben, sondern sie ist das Ergebnis von Erfahrungen, die das Individuum bei der Beobachtung seiner Umwelt macht. Sozialwissenschaftliche Ansätze wie beispielsweise die Neoklassik in den Wirtschaftswissenschaften, die dem Menschen eine unabhängig von den subjektiven Erfahrungen und Interpretationen der Wirklichkeit gegebene Rationalität unterstellen, stehen daher aus Hayeks Sicht auf tönernen Füßen.

Mit der von Ernst Mach formulierten Vorstellung von reinen, einfachen Empfindungen als den Elementen der Sinneswahrnehmung gibt sich Hayek in den *Beiträgen* nicht zufrieden. Er will diese Vorstellung widerlegen und stattdessen die These begründen, dass der ganze Aufbau der Empfindungswelt auf Relationen von Sinneseindrücken zurückzuführen sei. Aufgabe einer Theorie der Entwicklung sei es zu erklären, wie sich durch Erfahrung ein die Eindrücke der Sinnesorgane umfassendes System von Qualitäten bilde, dessen grundsätzliche, immer wiederkehrende Beschaffenheit durch die regelmäßigen Zusammenhänge in der Natur gegeben, dessen besondere Ausbildung beim

Einzelwesen aber durch Art und Reihenfolge der gemachten Erfahrungen bestimmt werde. Der zentrale Gedanke, der wörtlich sowohl in den Beiträgen als auch in *The Sensory Order* auftaucht, lautet: »*Wir haben* [...] *nicht Empfindungen, die dann vom Gedächtnis aufbewahrt werden, sondern erst durch das Gedächtnis wird die physiologische Erregung zur Empfindung oder zu einem anderen Bewußtseinswert.*«[41]

Lässt man die vielen physiologischen Details beiseite, auf die Hayek seine Position in *The Sensory Order* und einigen ergänzenden Artikeln stützt, stellen sich die Grundzüge dieser Vorstellung folgendermaßen dar: Von der physikalischen Ordnung, die Gegenstand der Naturwissenschaften ist, muss die mentale oder sensorische Ordnung unterschieden werden, mit deren Hilfe das Individuum Erfahrungen aufnimmt und verarbeitet – und zwar in einer Weise, dass auf denselben Reiz unterschiedlich und auf unterschiedliche Reize gleichartig reagiert werden kann. Unter »Geist« versteht Hayek daher »eine besondere Ordnung einer Reihe von Ereignissen, die in einem Organismus stattfinden und auf eine gewisse Art mit der physikalischen Ordnung von Ereignissen in der Umwelt verbunden, aber nicht identisch sind«[42]. Das Problem bestehe darin, wie in einem Teil der physikalischen Ordnung, also einem Organismus, ein Subsystem gebildet werden könne, von dem sich sagen lässt, es spiegele einige Züge der physikalischen Ordnung als Ganzes wider und versetze dabei den Organismus in die Lage, sich angemessen gegenüber seiner Umwelt zu verhalten. Die Aufgabe der theoretischen Psychologie sieht Hayek darin zu erklären, warum sich die sensorische Ordnung jedes Einzelnen von der physikalischen Ordnung unterscheidet, obwohl doch die neuronalen Impulse, die ein äußerer Reiz im Nervensystem auslöst, sich als Elemente nicht unterscheiden und physikalisch-chemisch bestimmbar sind. Damit sieht Hayek die Frage aufgeworfen, »wie es möglich ist, aus den bekannten Elementen des neuronalen Systems eine Struktur zu konstruieren, die in ihren Reaktionen auf Stimuli solche Unterscheidungen vorzunehmen in der Lage wäre, wie sie, wie wir wissen, unser Geist tatsächlich vornimmt«[43]. Da das Nervensystem zu solchen Unterscheidungen fähig ist, beschreibt Hayek dieses als ein Klassifikationssystem, wobei er unter Klassifikation einen Prozess versteht, »der jedes Mal, wenn ein gewisses wiederkehrendes Ereignis eintritt, den gleichen spezifischen Effekt hervorruft und bei dem die von jeder beliebigen Ereignisart hervorgerufenen Wirkungen denen, die irgendeine andere Ereignisart auf eine ähnliche Weise hervorrufen, entweder entsprechen oder nicht«[44].

Angesichts der Komplexität der physikalischen Umwelt, die viele sensorische Impulse simultan auftreten lässt, muss das Nervensystem eine anspruchsvolle Klassifikationsleistung erbringen, bei der mal ein Reiz mehreren Klassifikationsklassen und mal mehrere Reize derselben Klassifikationsklasse zuzuordnen sind. Hayek behauptet nun im Unterschied zu gängigen psychologischen Theorien, dass »die sensorischen [...] Qualitäten auf keine Weise den individuellen physiologischen Impulsen ursprünglich anhaften oder deren ursprüngliche Eigenschaft sind, sondern daß die Gesamtheit dieser Qualitäten durch das System von Verbindungen bestimmt wird, durch das die Impulse von Neuron zu Neuron übertragen werden können [...]«[45]. Es sei somit die Position des individuellen Impulses oder der Gruppe von Impulsen im Gesamtsystem solcher Verbindungen, die diesem System eine besondere Qualität verleihe. Dieses System von Verbindungen werde im Laufe der Zeit durch »Erfahrung« und »Lernen« erworben und reproduziere in jedem Stadium seiner Entwicklung gewisse Beziehungen, die in der physikalischen Umwelt zwischen den Reizen existieren, welche die Impulse auslösen.

Mit Blick auf die mögliche Komplexität der sensorischen Ordnung betont Hayek, dass Verbindungen nicht nur zwischen primären sensorischen Impulsen, sondern auch zwischen anderen Impulsen auftreten, die Folge der primären Impulse sind. Gerade in den höheren Zentren des Nervensystems treten viele Impulse auf, die nicht mit bestimmten Stimuli der Sinnesrezeptoren korrespondieren, sondern die gemeinsamen Qualitäten repräsentieren, die den primären Impulsen zugeordnet sind. Die Komplexität der Ordnung, die aufgrund der Vielfalt der Beziehungen von Impulsen und Impulsgruppen aufgebaut werden kann, ist nach Hayek »für alle praktischen Zwecke unbegrenzt«. Das Problem bestehe nicht in der Begrenzung der möglichen Zahl der Unterschiede zwischen ihren Positionen im ganzen System, sondern vielmehr in der »Unzulänglichkeit unseres Geistes, den vollen Grad der [...] Komplexität dieser Ordnung zu erfassen«[46].

Zwar geht Hayek davon aus, dass einige Grundstrukturen des Nervensystems von Beginn an angelegt sind, aber die Formierung des Netzwerks der sensorischen Ordnung versteht er als einen kontinuierlichen Prozess, der einerseits der Erfahrung vorausgeht und andererseits durch Erfahrung angetrieben wird. Aus der Flut der Sinneseindrücke gelingt es dem Individuum allmählich, in der Verknüpfung der Sinneseindrücke Regelmäßigkeiten zu erkennen. Anfänglich wird ein Organismus – z.B. das Kleinkind – nur sehr wenige Regelmäßigkeiten kennen und deshalb eine nur sehr schematische Vorstellung von der Welt haben. Nicht die konkreten Einzelheiten der Sinneseindrücke, sondern nur die abstrakten Regelmäßigkeiten in den Verbindungen von Sinneseindrücken wird es erfassen können. In dem Maße, wie es ihm gelingt, weitere Regelmäßigkeiten zu erkennen, verfeinert sich seine Vorstellung von der Welt. Die sensorische Ordnung spiegelt gewissermaßen die neuronale Geschichte eines Individuums wider, das einem kontinuierlichen Strom von Impulsen ausgesetzt ist. Sie ist eine spontane, ungeplante, adaptive und komplexe Ordnung, die durch neue Erfahrungen beständig zu Anpassungen getrieben wird. Das Erkennen von Regelmäßigkeiten setzt voraus, dass der Organismus über einen hinreichend differenzierten Klassifikationsapparat verfügt, also gewissermaßen die richtigen Fragen zu stellen und seine Aufmerksamkeit zu lenken weiß. Klassifikation ist nur möglich, wenn bereits ein entsprechendes Zuordnungsschema vorhanden ist. Wahrnehmung ist daher der Versuch, Sinneseindrücke einer oder mehreren Klassen eines vorgedachten Systems zuzuordnen. Alle Erklärungen basieren auf einer Klassifizierung und sind durch die Tatsache begrenzt, dass jeder Klassifikationsapparat einen höheren Komplexitätsgrad aufweisen muss als das, was er klassifiziert. Deshalb kann sich das menschliche Gehirn niemals selbst erklären.

Hayek spricht in diesen Zusammenhängen von einem *Primat des Abstrakten*[47] und meint damit, dass alle bewusste Erfahrung Produkt der Überlagerung von vielen Klassifikationen ist, durch die die wahrgenommenen Vorgänge entsprechend ihrer Bedeutung geordnet werden. Die reichhaltige Erfahrung ist aus abstrakten Elementen zusammengesetzt, und konkrete Partikularien sind Produkte von Abstraktionen. Hayek geht davon aus, dass abstrakte Regeln im Geist bereits vorhanden waren, ehe die Einzelheiten wahrgenommen werden konnten. Der Geist müsse zu abstrakten Operationen fähig sein, um überhaupt Einzelheiten wahrnehmen zu können. Die Fähigkeit zur Verallgemeinerung, so argumentiert Hayek wie auch Popper, geht den Erfahrungen und der Prüfung von Hypothesen voraus. Wichtig ist für ihn der Hinweis, dass die Abstraktion die Disposition eines Organismus bedeutet, auf Reize einer bestimmten Klasse zu reagieren. Diese Disposition lässt also eine Gruppe von möglichen Handlungen zu und bedeutet keine im mechanischen Sinne exakte Reaktion. Erst die Überlagerung verschiedener Dispositionen in einer konkreten Situation führt zu einem bestimmten Handeln.

Von entscheidender Bedeutung ist die Rolle, die Hayek vor diesem Hintergrund dem Wissen um Muster und Regeln für das menschliche Verhalten zumisst.[48] Das Verhalten des Menschen hängt von der Fähigkeit ab, Muster und Regeln zu erkennen. Aber dieses Wissen um Muster ist ein sehr unscharfes, so dass die explizite Benennung der Muster ihm oft schwerfällt. Aber Abweichungen fallen auf, und intuitiv ist der Mensch in der Lage, die Regeln im eigenen Verhalten zu befolgen. Hayek spricht hier in Anlehnung an Michael Polanyi von »implizitem Wissen« und mit Bezug auf Gilbert Ryle von »knowing how« im Unterschied zu »knowing that«. Um diese Wissenskategorie zu veranschaulichen, bezieht sich Hayek – wie vor ihm bezeichnenderweise Adam Smith, Adam Ferguson oder Wilhelm von Humboldt – auf die Sprache. »Sprachgefühl« ist ähnlich wie »Rechtsgefühl« ein einleuchtendes Beispiel für unbewusstes Regelwissen, welches das Handeln steuert: Auch wenn die explizite Benennung der Regeln im Einzelnen nicht immer leicht ist, erlaubt das implizite Wissen, Fehler zu vermeiden, Regeln intuitiv anzuwenden und Verstöße zu bemerken.

Für das Zusammenleben der Menschen ist die Wahrnehmung von Regelmäßigkeiten des Verhaltens von entscheidender Bedeutung, entlastet es doch von der Notwendigkeit, alle konkreten Einzelheiten des Verhaltens aufzunehmen und zu verarbeiten. Wo die Verhaltensweisen berechenbar in dem Sinne sind, dass bestimmte Verhaltensmuster in hinreichend verlässlicher Weise zu erwarten sind, ist keine vollständige Verhaltensprognose erforderlich und kann die gesellschaftliche Koordination einen weitaus höheren Komplexitätsgrad erreichen, als wenn sie auf vollständige Informationen angewiesen wäre. Mithilfe von verlässlichen Regeln kann die Bewältigung von Unwissenheit gelingen.

Seine Bemühungen, die sensorische Ordnung und ihre Auswirkungen auf das menschliche Verhalten und Zusammenleben zu verstehen, sieht Hayek als entscheidenden Schritt, um zu einer allgemeinen »Theorie komplexer Phänomene«[49] vorzudringen. Komplexe Phänomene stellen an die mit ihnen befassten Wissenschaften andere methodische Anforderungen als einfache Phänomene. Bei einfachen Phänomenen, wie sie typischerweise Gegenstand der Physik sind, reicht das bloße Beobachten von Tatsachen oft aus, und es lassen sich aus der Beobachtung von Tatsachen Voraussagen über individuelle Erscheinungsfälle treffen. Ein anderes Herangehen erfordern hingegen komplexe Phänomene, die Hayek allerdings eher graduell als prinzipiell von einfachen Phänomenen unterscheidet: Hier reicht die Beobachtung von Tatsachen nicht aus, sondern man muss zunächst Fragen stellen und wissen, worauf zu achten ist. Die Fragen jedoch entstehen erst, nachdem sich wiederholende Muster wahrgenommen worden sind. Viele Muster, so befindet Hayek mit Verweis auf die Geometrie, seien erst erkennbar, wenn sie gedanklich konstruiert worden seien. Vollständiges Tatsachenwissen ist bei komplexen Phänomenen nicht erreichbar, notgedrungen muss man sich mit Wissen über Prinzipien und mit Muster-Voraussagen als realistischem Erkenntnisziel zufriedengeben. Hayek bezeichnet letztlich alle sozialen Phänomene als komplex und zieht daraus methodologische Konsequenzen. Er weist die verbreitete Vorstellung zurück, man könne Methoden, die für einfache, z.B. physikalische Phänomene geeignet sind, auf komplexe Phänomene anwenden. Hayeks Kritik richtet sich in scharfer Weise gegen solche wissenschaftlichen Ansätze, die Methoden, welche sich in den Naturwissenschaften möglicherweise zur Erklärung physikalischer Zusammenhänge bewährt haben, auf das menschliche Verhalten übertragen, ohne sich über die wesentliche Andersartigkeit der Gegenstände von Naturwissenschaften einerseits und Geistes- und Sozialwissenschaften andererseits im Klaren zu sein.

Für Hayek ist die Sinnesordnung des Menschen unvermeidlich subjektiv und sie ist die entscheidende Instanz, aus der sich für den Einzelnen die Wahrnehmung der äußeren Welt, die Ableitung von oftmals unbewussten Verhaltensregeln und das Treffen von Verhaltensentscheidungen ergibt. Auf der Grundlage seines subjektivistisch-individualistischen Wissenschaftsverständnisses ist Hayek ein Gegner des methodologischen Kollektivismus in all seinen Spielarten. Aus seiner Sicht ist es sinnlos, etwas über das Verhältnis von Ganzheiten zueinander aussagen zu wollen, ohne anzuerkennen, dass das menschliche Verhalten aus der unvermeidlich subjektivistischen Wahrnehmung erfolgt. Vor allem deshalb ist Hayek ein strikter Gegner der gesamten Makroökonomie, gleichviel, ob sie im Sinne von Keynes nachfrageorientiert oder im Sinne von Friedman angebotsorientiert daherkommt. Ein richtiges Verständnis wirtschaftlicher Prozesse ergibt sich nur aus dem Verständnis des individuellen Wahrnehmens und Verhaltens der Akteure, nicht aber aus dem Verhältnis von Gesamtgrößen wie Arbeitslosigkeit, Wachstum oder Inflation. Angemessene Möglichkeiten, mit der Bewältigung von Unwissenheit gegenüber komplexen Phänomen umzugehen, sieht er allein in der Mikroökonomie.

Deshalb steht Hayek auch in klarer Gegnerschaft zu Haltungen des Objektivismus, zu dessen wichtigsten Spielarten er den Physikalismus eines Otto Neurath und den Behaviorismus eines John B. Watson zählt. Solche objektivistischen Haltungen, welche die Sinnesordnung und ihre unvermeidliche Interpretationsleistung auszublenden trachten, um die Sozialwissenschaften auf »objektive Tatsachen« zurückzuführen, münden aus Hayeks Sicht in ein trügerisch mechanistisches Weltbild. Sowohl der Behaviorismus mit seinem Reiz-Reaktions-Schema als auch Neurath mit seiner Vision einer auf Statistik und Utopistik gestützten geldfreien Planwirtschaft sind für Hayek Beispiele eines ingenieurhaften Verständnisses der sozialen Welt, in dem kein Platz für ungeplante Ordnungen des Zusammenlebens ist und das den Anspruch erhebt, den Zweck sozialer Ordnung rational zu bestimmen bzw. die geeigneten Mittel zur Herbeiführung dieser Ziele zu kennen. Auch die späteren Tendenzen des Historismus bezieht Hayek in diese Kritik ein. Während er für den älteren Historismus eines Edmund Burke oder Friedrich Carl von Savigny immer große Bewunderung hegte, verurteilt er den theoriefernen Positivismus der von Gustav Schmoller dominierten Historischen Schule ebenso wie deterministisch-holistische Modelle eines Comte, Hegel, Marx oder Spengler und entwickelt in auffälliger Parallelität zu Popper eine Kritik utopischer, historizistischer und holistischer Theorien.[50]

Die unzulässige Reduktion der komplexen Wirklichkeit auf ein mechanistisches Funktionsprinzip verleitet viele Wissenschaftler und Intellektuelle in den Augen Hayeks zu einer Anmaßung von Wissen, deren politische Konsequenz nur im Ideal einer wissenschaftlich geplanten Gesellschaft und Wirtschaft liegen kann, deren Lenker wegen ihres vermeintlich überlegenen Wissens über die Funktionsweisen und Ziele der Gesellschaft in bester Absicht auch den Anspruch auf totale Macht erheben müssen.

4. Wettbewerb und Wissen: Die Theorie des Marktes

Es versteht sich von selbst, dass der Ökonom Hayek seine Überlegungen zur sensorischen Ordnung, die aus ihnen abzuleitenden Schlussfolgerungen über menschliches Verhalten und Zusammenleben sowie die methodologischen Konsequenzen für die anthropologischen Wissenschaften in erster Linie auf das wirtschaftliche Handeln des Menschen bezieht. Dessen Verständnis ist der zentrale, wenn auch nicht der einzige Bezugspunkt seiner Theorie menschlichen Verhaltens.

Ausgehend von dem frühen Interesse an den psychologischen Grundlagen menschlichen Verhaltens hat sich Hayeks Theorie des Marktes im Laufe der Jahrzehnte über mehrere Etappen herausgebildet. Seine Konjunktur-, Geld- und Preistheorie der 1920er Jahren bewegte sich in den von der Österreichischen Schule seit Menger vorgezeichneten Bahnen. Die Perspektiven für die Markttheorie, wie sie Hayek in den kommenden Jahrzehnten entwickelt, finden sich in seiner Londoner Antrittsvorlesung *The Trend of Economic Thinking* von 1933 und in seinen Beiträgen zur Sozialismusdebatte 1935 angedeutet.

Das eigentliche wirtschaftliche Problem tritt für Hayek auf, sobald verschiedene Zwecke um die verfügbaren Mittel konkurrieren, und er wirft den Sozialisten vor, auf dieses Problem keine Antwort zu finden, weil sie von falschen methodologischen Prämissen, nämlich der Anwendung naturwissenschaftlicher Denkweisen auf sozialwissenschaftliche Probleme, ausgingen. Der Versuch, die in den Naturwissenschaften so erfolgreichen empirischen Methoden anzuwenden, habe ins Fiasko geführt:

»Man begann hier am falschen Ende, man suchte Regelmäßigkeiten in den komplexen Erscheinungen, die nie zweimal unter den gleichen Bedingungen beobachtet werden konnten, und das mußte zu der Folgerung führen, daß es keine allgemeinen Gesetze gibt, keine inneren Notwendigkeiten, die durch die permanente Natur der sie zusammensetzenden Elemente bestimmt sind, und daß die einzige Aufgabe der Wirtschaftswissenschaft im besonderen eine Beschreibung der geschichtlichen Veränderungen ist. Nur infolge des Aufgebens der geeigneten Methode [...] begann man zu glauben, daß es überhaupt keine anderen Gesetze im sozialen Leben gäbe als die von den Menschen geschaffenen und daß alle beobachtbaren Erscheinungen nur das Ergebnis sozialer und gesetzgeberischer Institutionen seien, bloße ›historische Kategorien‹, und keineswegs aus den grundlegenden wirtschaftlichen Problemen, denen die Menschheit gegenübersteht, heraus entstehen.«[51]

Hayeks Vorwurf an die Sozialisten ist demnach nicht, dass sie auf falsche Werte setzen, sondern dass sie wegen falscher methodologischer Prämissen das wirtschaftliche Problem verkennen und kein Verständnis für diejenigen sozialen Institutionen aufbringen, die zur Lösung des wirtschaftlichen Problems entstanden sind. Diese methodologische Kritik am Sozialismus in all seinen Spielarten arbeitet Hayek vor allem während des Zweiten Weltkriegs gründlicher aus und sie bildet den Hintergrund für seine Bemühungen, eine adäquate methodologische Position zum Verständnis der markwirtschaftlichen Ordnung zu entwickeln.[52] Die hinter dem Sozialismus stehende Haltung hat verschiedene Facetten wie Rationalismus, Historismus, Positivismus, methodologischer Kollektivismus oder Objektivismus, die Hayek wegen ihrer Affinität zu den Naturwissenschaften, insbesondere zur Physik, allgemein als Szientismus umschreibt. Sehr knapp fasst Hayek einmal folgendermaßen zusammen, wogegen sich seine Kritik richtet: »die Betonung der Messung und darauf gegründeter numerischer Berechnung, das Bemühen um die Voraussage spezifischer Ereignisse (im Gegensatz zu allgemeinen Strukturcharakteristiken) als Ziel und Prüfstein der Theorie, die Ausschaltung aller subjektiven, auf ›Introspektion‹ beruhenden Erfahrung und die Vorstellung, daß soziale Erscheinungen als ganze direkt beobachtet und aus solcher Beobachtung empirische Gesetze ihrer Bildung und Entwicklung abgeleitet werden können«. Neben der Überschätzung der in der Physik benutzten Methoden wirft er dem Szientismus auch die irreführende Vorstellung vor, »daß alle sinnvollen Fragen grundsätzlich wissenschaftlich beantwortet werden können und insbesondere für Fragen der gesellschaftlichen Ordnung kein Wissen als das wissenschaftlich belegte zu berücksichtigen sei, also insbesondere nicht die implizite in Tradition, Sprache, Sitte und Recht niedergelegte kumulative Erfahrung der Menschheit«. Daraus ergebe sich oft der »Anspruch, auch die Werte, denen das menschliche Handeln dient, wissenschaftlich begründen zu können«. Damit eng verbunden sei eine ingenieurhafte, konstruktivistische Einstellung, »die glaubt, daß alles bewußt Konstruierte dem Ergebnis einer langsamen, nicht bewußt gelenkten Entwicklung überlegen sein müsse«[53].

Hayeks Markttheorie gewinnt ihre Konturen im Dezember 1936 mit einem Vortrag über *Economics and Knowledge*.[54] Eine gewisse Unzufriedenheit über die Argumente in der Debatte um die Wirtschaftsrechnung im Sozialismus hatte den Anstoß für diesen behutsam formulierten, aber gedanklich weitreichenden Vortrag geliefert. In dem Aufsatz weist Hayek die formale Gleichgewichtsanalyse der Neoklassik zurück, denn um etwas über Kausalzusammenhänge sagen zu können, müsse diese bestimmte Behauptungen über den Erwerb und die Vermittlung von Wissen setzen, in denen Hayek das eigentliche Problem der Wirtschaftstheorie sieht. Als sinnvoll erachtet er die herkömmliche Gleichgewichtsanalyse nur in Bezug auf die Handlungen einzelner Personen, nicht aber zur Erklärung der ineinandergreifenden Handlungen verschiedener Menschen. Bei Handlungen einzelner Menschen kann von einem Gleichgewicht gesprochen werden, insofern die Handlungen Teil eines Plans sind. Die diesem Plan zugrunde liegenden Daten seien die Dinge, wie die Person sie kennt, aber keine objektiven Tatsachen. Das Gleichgewicht zwischen den Handlungen werde jedoch zerrissen, wenn die relevanten Daten sich im Zeitverlauf ändern.

Bei den Handlungen mehrerer Individuen hingegen spielen nach Hayek unabhängige Pläne und widersprüchliche Erwartungen eine Rolle. Um miteinander verträglich zu sein, müssen die Pläne des einen Akteurs von Erwartungen über das Verhalten des anderen ausgehen und Handlungen umfassen, die Daten des Plans des anderen sind. Der Begriff des »Datums«, des Gegebenen, ist dabei das eigentliche Problem. Es würde zu kurz greifen, »Datum« mit objektiven Tatsachen gleichzusetzen. Vielmehr müsse, so Hayek, unter »Datum« das verstanden werden, was handelnden Personen bekannt ist und wovon die Bildung von individuellen Erwartungen abhängt. Von Gleichgewicht lässt sich dabei nur insofern sinnvoll sprechen, als die Pläne der Individuen miteinander vereinbar sind und niemand Grund hat, seine Pläne zu ändern. Damit ist nicht verlangt, dass die objektiven Daten gleich bleiben müssen, sondern nur, dass die äußeren Daten den gemeinsamen Erwartungen der Akteure entsprechen.

Der etablierten Gleichgewichtsanalyse wirft Hayek vor, dass sie meist von der Annahme ausgeht, dass subjektive Daten mit den objektiven Tatsachen übereinstimmen, und dass sie die Tendenz zu einem allgemeinen Gleichgewicht behauptet, ohne die Bedingungen und Natur dieses Vorgangs zu klären. Die bequeme Vorstellung eines vollständigen Marktes, in dem jeder Akteur automatisch weiß, was für seine Entscheidungen von Belang ist, und deshalb wie ein »homo oeconomicus« rational handeln kann, weist Hayek als weltfremde Illusion zurück. Demgegenüber stellt er als zentrales Problem des Marktes heraus, dass unter den Akteuren nicht nur eine Arbeitsteilung, sondern auch eine Wissensteilung besteht. Der Erfolg wirtschaftlichen Handelns des Einzelnen hängt demnach von dem Erwerb relevanten Wissens ab, und der Erfolg einer wirtschaftlichen Ordnung bestimmt sich danach, inwieweit es ihr gelingt, die Bruchstücke unvollständigen Wissens zu koordinieren. Anders als alle Varianten sozialistischen Denkens annehmen, ist es kein zentraler Plan, sondern die interpersonelle Vernunft spontaner Handlungen der Menschen, die zu einer Verteilung der Mittel führt, als ob sie einem einheitlichen Plan gemäß gemacht worden wäre, obwohl sie doch von niemandem geplant worden ist. Das Forschungsprogramm, das Hayek vorschwebt, mündet in eine Frage, die sein Erkenntnisinteresse über Jahrzehnte prägt: »Wie kann das Zusammenwirken von Bruchstücken von Wissen, das in den verschiedenen Menschen existiert, Resultate hervorbringen, die, wenn sie bewußt vollbracht werden sollten, auf seiten des lenkenden Verstandes ein Wissen erfordern würden, das kein einzelner Mensch besitzen kann?«[55]

Im Unterschied zur Neoklassik sieht Hayek die Funktion des Marktes nicht in der Allokation knapper Produktionsmittel, sondern in der Vermittlung von Wissen. Die wirtschaftlichen Vorgänge sind nicht als Hydraulik oder Mechanik zwischen objektiven Tatsachen, Größen oder Kräften zu verstehen, sondern als Koordinationsprozess zwischen verstreutem und unvollständigem Wissen. Vor allem in zwei Aufsätzen über *The Use of Knowledge in Society* und *The Meaning of Competition* geht Hayek diesen Fragen 1945 und 1946 genauer nach.[56]

In dem ersten der beiden Artikel setzt Hayek seine Argumentation mit folgender Bemerkung an: Wenn man annähme, dass die Marktteilnehmer bereits alle erforderlichen Informationen besäßen, wenn man von einem gegebenen System der Rangordnungen von Zielen und Werten ausgehen könnte und wenn vollständige Kenntnis aller erfassbaren Mittel vorläge, wäre das Problem der rationalen Wirtschaftsordnung bereits in den Annahmen enthalten. Tatsächlich aber wird das Problem der rationalen Wirtschaftsordnung für Hayek durch die Tatsache bestimmt, dass die Kenntnis der Umstände, von der die Akteure Gebrauch machen können, niemals zusammengefasst werden kann oder als Ganzes existiert. Vielmehr hat man es immer mit verstreuten Stücken unvollständigen und widersprüchlichen Wissens der Individuen zu tun. Das eigentliche Problem wirtschaftlicher Ordnung besteht demnach nicht in der Verwendung der gegebenen Mittel, sondern in der Frage, wie man den besten Gebrauch aller Mittel sichern kann, die irgendeinem Mitglied der Gesellschaft bekannt sind – und dies für Zwecke, deren relative Wichtigkeit nur die jeweiligen Individuen kennen. Er betont in diesem Zusammenhang, dass es verschiedene Arten von Wissen gibt: Neben wissenschaftlichen Kenntnissen spielt für das wirtschaftliche Verhalten vor allem Wissen im Sinne der Kenntnisse über besondere, flüchtige Umstände und unterschiedliche Wertschätzungen eine entscheidende Rolle. Kenntnisse über besondere Umstände sind vor allem deshalb so bedeutsam, weil der wirtschaftliche Prozess im Kleinen von unzähligen Veränderungen und Bewegungen gekennzeichnet ist. Gerade darum ist der Blick auf statistische Größen oftmals so irreführend, denn hinter deren Stabilität können sich oftmals unzählige Bewegungen im Kleinen verbergen. Sich an diese Veränderungen der Umstände anzupassen ist eine große Herausforderung für die Akteure, die dezentrale Entscheidungen verlangt. Es sind die Preise, die die gesonderten Tätigkeiten der Menschen dezentral und spontan koordinieren, ebenso wie subjektive Werte dem Individuum helfen, Teile seines Plans zu koordinieren. Die Preise dienen den Individuen als Signale und versorgen sie mit den relevanten Informationen. Sie ersetzen viele Informationen über Umstände, die sich der Einzelne sonst mühsam beschaffen müsste. Das freie Preissystem schätzt Hayek als eine der kulturellen Institutionen, die der Mensch zu gebrauchen gelernt hat, nachdem er auf sie gestoßen ist und ohne dass er sie vollständig verstanden haben muss.

Der Sinn des Wettbewerbs besteht für Hayek in dem zweiten der genannten Artikel darin, dass er in seinem Verlauf das Wissen um Kosten und Bedürfnisse aufdeckt, das für die Koordination der gesonderten Pläne der Individuen erforderlich ist. Er ist notwendigerweise unvollkommen, weil sich die Daten und Präferenzen ständig ändern und sich aus Sicht der Individuen jeweils verschieden darstellen. So gleicht er einer Reise ins Unbekannte, deren Ziel keiner der Teilnehmer im Vorhinein kennen kann. Als dynamischer Prozess der ständigen Meinungsbildung ist er auch dort zur Koordination der Anpassungsprozesse hilfreich, wo er unvollkommen bleibt.

In einem vielzitierten Aufsatz aus dem Jahre 1967 über den *Wettbewerb als Entdeckungsverfahren*[57] präzisiert Hayek diesen Gedanken dahingehend, dass der Wettbewerb gerechtfertigt sei, weil wir die wesentlichen Umstände, die das Handeln bestimmen, nicht kennen. Da der Wettbewerb als Entdeckungsverfahren für Tatsachen dient, die sonst unbekannt und ungenutzt blieben, ließen sich die Vorteile des Wettbewerbs nicht empirisch nachprüfen. Das Wesen des Wettbewerbs werde zudem missverstanden, wollte man seinen Erfolg am Erreichen bestimmter Ziele messen. Die Ordnung des Marktes zeichne es gerade aus, dass sie keine einheitliche Wertskala besitzt und vielmehr die Individuen jeweils eigene Wertskalen zur Grundlage ihres Handelns machen. Die Tauschvorgänge im Markt dienen nicht konkreten Zwecken, sondern sie stellen eine abstrakte Ordnung dar, in der ein Pluralismus der Ziele herrscht.

Es ist allein der Marktprozess mit frei sich bildenden Preisen, der einen wirksamen Gebrauch von Informationen über Tausende von Tatsachen ermöglicht, von denen niemand eine vollständige Kenntnis haben kann. Die Marktergebnisse beruhen insbesondere auf einer größeren Zahl besonderer Tatsachen, als ein wissenschaftlicher Beobachter sie jemals in seine Hypothesen einbringen könnte. Es wäre daher ein hoffnungsloses Unterfangen, die unentrinnbare Unwissenheit über Daten durch pseudoexakte Messungen bewältigen zu wollen. Vielmehr muss sich die Wissenschaft mit Mustervoraussagen und Erklärungen des Prinzips zufriedengeben. Sie wird daher, so ist zu schlussfolgern, auch der Politik kein Wissen an die Hand geben können, um die Ergebnisse von Marktprozessen vorherzusagen oder konkrete Verteilungsergebnisse durch gezielte Interventionen an deren Stelle zu setzen.[58]

Ihre letzte Fassung erhielt Hayeks Markttheorie in einem Vortrag über den *Strom der Güter und Leistungen*, den er 1981 anlässlich des fünfzigjährigen Jubiläums seiner ersten LSE-Vorlesungen in London hielt.[59] In dem Bild eines komplexen Flusssystems versucht Hayek die Vorstellung zu fassen, dass die Produktionsströme sich in einem marktwirtschaftlichen System verlängern und erweitern. Verschiedene Ströme heranreifender Produkte fließen ineinander, ohne dass man den endgültigen Verwendungszweck eines Gutes erkennen kann. Nicht nur ist das Flusssystem verzweigt, sondern auch sein Volumen steigt und fällt beständig, es bildet also ein elastisches, veränderliches Reservoir. Dabei ändern sich allerdings die Endnachfrage und die Nachfrage nach Primärfaktoren auf unterschiedliche Weise und können sogar ge-

gensätzlich verlaufen. Hayek richtet sich im Konkreten gegen Keynes und dessen vereinfachtes Verständnis vom Zusammenhang von Endnachfrage und Beschäftigung, wenn er auf die Faktoren hinweist, die die aufeinanderfolgenden Stufen des Produktionsprozesses lenken. Die Aufgabe der kapitalistischen Wirtschaftsordnung sieht Hayek darin, den Strom unfertiger Güter und Vorräte aufrechtzuerhalten. Dazu ist es erforderlich, dass Individuen, die ohne Kenntnis der Gesamtstruktur sind und jeweils nur um besondere Umstände wissen, laufend Veränderungen in der Zusammensetzung des Stroms vornehmen. Die relative Stetigkeit des Stroms verdankt sich nur den ständigen kleinen Anpassungen durch Akteure, die bestimmten Preissignalen folgen, weshalb jede Vorstellung einer zentralen Lenkung hinfällig wird. Der Strom kann niemals im Gleichgewicht sein, denn gerade das Ungleichgewicht, die ständige Anpassung an vorübergehende örtliche Umstände, hält ihn in Fluss. Die vom Marktgeschehen herbeigeführten Veränderungen der relativen Preise dienen dabei als Stabilisatoren des Gesamtsystems, während das Streben nach Sicherheit und stabilen Preisen die dynamische Ordnung zerstören muss. Wie bei einem arteriellen System wird die Endnachfrage als Sog am Ende nicht überall gleich stark übertragen, vielmehr erfordern örtliche Diskrepanzen zwischen Angebot und Nachfrage schnellere Anpassungen. Das Gesamtbild eines Flusssystems der Güter, das ständig in Bewegung ist, in dem große örtliche Unterschiede in Angebot und Nachfrage bestehen und das deshalb immer wieder durch kleine Anpassungen der vielen Individuen erhalten werden muss, verlangt eine entschieden mikroökonomische Betrachtungsweise. Denn das Problem, die Produktionsstruktur durch Anpassung der relativen Preise zu ordnen, lässt sich nicht durch eine makroökonomische Betrachtungsweise erfassen, die die Bedeutung der relativen Preise verkennt und über Zusammenhänge der Gesamtgrößen nachdenkt.

5. »Kosmos« und »Taxis«: Die Ordnungstheorie

Sowohl der menschliche Verstand als auch das Verhalten der Menschen im Markt sind aus Sicht Hayeks Zustände der natürlichen und der gesellschaftlichen Welt, die als Ordnung bezeichnet werden können. Unter Ordnung versteht er ganz allgemein einen Zustand, *»in dem verschiedenartige Elemente in großer Anzahl so aufeinander bezogen sind, daß die Kenntnis eines räumlichen oder zeitlichen Teils des Ganzen uns erlaubt, richtige Erwartungen hinsichtlich des Übrigen zu bilden oder zumindest Erwartungen, die sich mit erheblicher Wahrscheinlichkeit als richtig herausstellen«*[60]. Ordnungen können sich demnach graduell unterscheiden, je nachdem, wie hoch die Chancen sind, dass Erwartungen über das Verhalten der Elemente eintreffen. Ordnung kann in diesem Sinne unabhängig von Zwecken definiert werden, denn sie dient den Elementen gewissermaßen nur als Vorziel für die Erfüllung je eigener Zwecke.

Die Gesellschaft als Anzahl von Menschen, deren Handlungen aufeinander abgestimmt sind, ist für Hayek nur einer von vielen Zuständen, in denen die Ordnung einer Vielzahl von Einzelelementen zu beobachten ist. Für den naturwissenschaftlich geprägten und interessierten Sozialwissenschaftler und Moralphilosophen bildet das Verständnis von Ordnung die Klammer, die alle theoretischen Wissenschaften zusammenhält. Insbesondere in seinem Spätwerk zeigt Hayek ein ausgeprägtes Interesse an den ordnungstheoretischen Fragestellungen von Sprachwissenschaftlern und Biologen. Es ist daher kein Zufall, dass einer seiner letzten Vorträge im Jahre 1984 unter dem Titel *Einzelwissen und Gesamtordnung* der Betonung dieses gemeinsamen Erkenntnisinteresses dient und ihn zu der Feststellung führt: »Alle Wissenschaft ist eine Erklärung von Ordnungen. Alle Ordnungen, die wir vorfinden, sind das Ergebnis eines Entwicklungsprozesses. Wenn wir diese beiden Tatsachen im Kopf behalten, sehen wir auch, wie die ganze theoretische Wissenschaft zusammenhängt.«[61]

Bereits den geldtheoretischen Arbeiten der 1920er Jahre liegen ordnungstheoretische Prämissen zugrunde, die vor allem in der Londoner Antrittsvorlesung *The Trend of Economic Thinking* von 1933 als Forschungsprogramm zutage treten.[62] Die eigentliche Ausarbeitung seiner Ordnungstheorie nimmt Hayek in den 1960er Jahren in einigen Aufsätzen vor, von denen die wichtigsten in *Studies in Philosophy, Politics and Economics* und den *Freiburger Studien* versammelt sind.[63] Grundlegend für sie ist Hayeks Einsicht, dass soziale Institutionen nicht allesamt zweckgerichtet erfunden wurden, sondern die wichtigsten und komplexesten unter ihnen – vor allem Recht, Sitte, Geld und Sprache – ohne lenkenden Plan entstanden sind. Viel Wissen und viel Erfahrung sind ihnen eingelagert und werden genutzt, ohne dass die Menschen diese ausdrücklich kennen. Nach ihrem »Sinn« oder ihrer »Funktion« zu fragen ist problematisch, da sich meist nicht genau sagen lässt, worin ihr Nutzen in ihrer besonderen Form jeweils besteht. Das Wissen um konkrete Umstände ist so gering, dass sich niemals verlässliche Prognosen über konkrete Ergebnisse der Anwendung von Regeln oder der Einrichtung von Institutionen machen lassen. Lediglich »Erklärungen des Prinzips« sind möglich, die darüber Auskunft geben, »welcher Art von Verhalten gewisse Typen von Strukturen fähig sind und welcher nicht«[64]. Diese Modelle können nur einen Bereich von Verhaltensmöglichkeiten abstecken, aber keine genauen Voraussagen treffen, welche besonderen Vorgänge in einem bestimmten Moment eintreten werden.

Das Verständnis für diese Ordnungen, die nicht geplant worden sind, komplex sind, viel unausgesprochenes Wissen enthalten, sich spontan entwickeln und nur in ihren allgemeinen Mustern beschrieben werden können, ist nicht besonders stark ausgeprägt. Verantwortlich macht Hayek dafür eine besondere und weitverbreitete Form des Rationalismus, die die Gesellschaft als Erfindung des Menschen betrachtet, als eine Konstruktion, die bewusst definierten Zielen dient. Diese Art des Rationalismus verbindet Hayek in erster Linie mit den Namen Bacon, Descartes und Leibniz. Sie ist gekennzeichnet durch eine mechanistische, geometrische Denkweise, die die Gesellschaft gleichsam als eine Maschine versteht, die in ihren Einzelheiten einem Bau- oder Schaltplan folgt. Die in der Neuzeit weitverbreitete Vorstellung des Naturzustands und des Gesellschaftsvertrags, vor allem Hobbes' Variante, rechnet Hayek zu dieser Art des Rationalismus ebenso wie alle Erscheinungsformen des Utilitarismus, die die Zweckmäßigkeit von Verhalten und Institutionen an deren konkreten Ergebnissen messen wollen und für diese Prüfung ein umfassendes Wissen über die Umstände und Folgen von Verhalten und Regeln in konkreten Situationen beanspruchen. Auch der Rechtspositivismus seines Lehrers Kelsen wird von Hayek in die geistige Welt dieses Rationalismus eingeordnet.

Gemeinsam ist diesen Ansätzen, dass sie die Welt nur in natürliche und künstliche Erscheinungen unterteilen und Letztere dem Gebot der Vernunft unterwerfen wollen. Hiergegen erhebt Hayek Widerspruch, indem er diese zu optimistische Einschätzung der individuellen Rationalität als naiv und konstruktivistisch kritisiert. Folgt man seiner Theorie der sensorischen Ordnung, dann ist die Vernunft kein archimedischer Punkt, von dem aus sich die Welt aus den Angeln heben ließe. Sie kann nicht der vorgegebene Ausgangspunkt der kulturellen Entwicklung sein, sondern hat sich erst gleichläufig mit der Kultur entwickelt. Sein entscheidender Einwand lautet, dass es viele wichtige gesellschaftliche Ordnungen gibt, die weder auf natürlichen Instinkten beruhen, noch auf eine ausdrückliche Willens- und Vernunftentscheidung zurückgehen. Zwischen Instinkt und Vernunft, zwischen natürlichen und künstlichen Erscheinungen gibt es etwas Drittes, das zwar »Ergebnis menschlichen Handelns, aber nicht Ergebnis menschlichen Entwurfs« ist, wie Hayek des Öfteren mithilfe eines Zitats von Adam Ferguson zu umschreiben versucht.[65]

Damit schließt Hayek keineswegs aus, dass es auch instinkt- oder vernunftbegründete Ordnungen gibt. Das Zusammenleben der Menschen ist sogar in vielerlei Hinsicht von vernunftbegründeten und zweckgerichteten Ordnungen geprägt, die Hayek als Organisationen bezeichnet. Ihre Zwecke bestimmen sich aus den Vorstellungen desjenigen, der die zentrale Steuerung der Organisation ausübt, und das Wissen, das sie verarbeiten können, findet seine Grenze in den Kapazitäten der Zentrale. Hayek interessiert sich für solche Organisationen – wie beispielsweise eine zentral gelenkte Planwirtschaft – in erster Linie, um die Grenzen von deren Komplexität und Wissensnutzung aufzuzeigen. Sein eigentliches Augenmerk gilt aber jenen gesellschaftlichen Ordnungen, welche weder auf Instinkt noch auf Vernunft, sondern auf spontanem Wachstum und Entwicklung beruhen.

Mit dieser Fokussierung folgt Hayek einer Tradition des Denkens, die er als evolutorischen oder – in Anlehnung an seinen Freund Karl Popper – als kritischen Rationalismus bezeichnet. Kritisch nennt er ihn deswegen, weil er diese Haltung – trotz einiger begrifflicher Schwankungen, die im Laufe der Jahre auftreten – nicht als antirationalistisch benannt wissen will, sondern verdeutlichen will, dass sie die Grenzen der ausdrücklichen Vernunft bei der Erklärung der Entstehung und der Auswirkungen von gesellschaftlicher Ordnung realistischerweise anerkennt und stattdessen die Bedeutung einer interpersonellen Vernunft herausstellt, die sich aus dem Zusammenwirken der Menschen ohne deren Absicht ergibt. Evolutorisch nennt er diese Art des Rationalismus, weil diese Vernunft in einem Entwicklungsprozess des Erprobens, Bewährens, Auslesens, Verwerfens und Modifizierens von Verhaltensweisen und Regeln erwächst und durch die Falsifizierung untauglicher Lösungen allmählich näherrückt, ohne jemals vollständig erreicht oder benannt werden zu können. Hayek verwendet viel Mühe darauf, dieser Art von Rationalismus und Ordnungsverständnis nachzuspüren und ideenhistorische Kronzeugen anzuführen. Abgesehen von der spätscholastischen Schule von Salamanca im 16. Jahrhundert und den beiden Protagonisten der italienischen Aufklärung, Giambattista Vico und Ferdinando Galiani, würdigt Hayek insbesondere die geistige Pionierleistung des niederländisch-englischen Arztes Bernard de Mandeville. In dessen *Bienenfabel*[66], die auf satirische Weise illustriert, wie aus privaten Lastern öffentliche Vorteile erwachsen, liest Hayek eine tiefschürfende Theorie sozialer Ordnung, in der die Bedeutung und die Vorteile von spontan entstehenden Verhaltensweisen, Institutionen und Regeln herausgearbeitet werden. Vor allem aber macht sich Hayek das Erbe der schottischen Aufklärung zu eigen. Wie für liberale Ökonomen nahezu unumgänglich, bezieht er sich auf Adam Smith und dessen Bild der »unsichtbaren Hand«, unter deren Leitung der Einzelne Zwecke fördert, die er bei der Verfolgung eigener Interessen niemals im Blick gehabt hat. Noch nahtloser fügen sich als Vorläufer von Hayeks Ordnungstheorie die weniger bekannten Josiah Tucker und Adam Ferguson ins Bild – Letzterer vor allem deshalb, weil das erwähnte Zitat Fergusons im Kontext einer Evolutionstheorie steht, die auf knappem Raum eine Alternative zu den vorherrschenden Vertragstheorien seiner Zeit bietet. Ferguson betont ganz im Sinne Hayeks, dass der Naturzustand nicht etwas weit Zurückliegendes sei, sondern das, was der Mensch aus der Anwendung seiner Fähigkeiten gerade vollbringt. Wichtigster Referenzautor ist für Hayek allerdings – wie auch bei anderen Gelegenheiten – David Hume, in dessen Formel, dass die Regeln der Moral nicht die Schlussfolgerungen unseres Verstandes seien[67], Hayek die Idee der spontanen Ordnungen vorweggenommen findet. In den Einzugskreis der eigenen intellektuellen Sozialisation gerät Hayek schließlich, wenn er diesen evolutorischen oder kritischen Rationalismus bis zu Carl Menger und dessen *Untersuchungen über die Methode der Sozialwissenschaften und der politischen Ökonomie im besonderen* von 1883 weiterverfolgt, deren Gegenstand soziale Erscheinungen sind, die analog zu natürlichen Organismen nicht Ergebnisse menschlicher Berechnung, sondern unreflektierte Ergebnisse eines natürlichen Prozesses und von geschichtlicher Entwicklung sind.[68]

Vor dem Hintergrund dieser geistigen Tradition entwirft Hayek seine Ordnungstheorie: Die Ordnung sozialer Geschehnisse lässt sich demnach nicht mit den Sinnen wahrnehmen, sie kann nur vom Verstand nachgebildet werden und ist insofern als abstrakt zu bezeichnen. Je komplexer eine Ordnung ist, desto mehr ist sie auf spontane Kräfte angewiesen und desto mehr ist die Macht der Lenkung auf die abstrakten Züge einer Ordnung beschränkt und kann immer weniger konkrete Positionen oder Ergebnisse herbeiführen. Der Umstand, dass die Ordnung polyzentrisch und indirekt aus den unterschiedlichen Tätigkeiten der einzelnen Elemente hervorgeht, hat den großen Vorteil, dass sie eine höhere Komplexität hervorbringt, als jemals planbar wäre. Der Nachteil besteht allerdings darin, dass nur ihre abstrakten Züge, nicht aber konkrete, also sinnlich wahrnehmbare Einzelheiten bestimmbar sind. Gesellschaftliche Ordnungen wie Sprache, Recht oder Arbeitsteilung ähneln insofern Erscheinungen in der Natur: Kristalle lassen sich niemals durch bewusste Anordnung der einzelnen Moleküle aufbauen, sondern nur durch Schaffung geeigneter Rahmenbedingungen, ebenso wie dies für das Wachstum eines biologischen Organismus gilt. Gern verweist Hayek auf das Verhalten von Eisenspänen in einem Magnetfeld: Die Erwartungen, in welchem Muster die Späne sich anordnen, lassen sich mit ziemlicher Gewissheit formulieren. Wo aber jeder einzelne Span sich innerhalb der Ordnung befinden wird, hängt von vielen konkreten Eigenschaften, Umständen und Ausgangspositionen ab, die man nicht alle kennen kann, so dass keine verlässliche Voraussage über den genauen Platz jedes einzelnen Spans möglich ist.

In all diesen Beispielen ist Ordnung als Anpassung an eine Vielzahl von Umständen zu verstehen, die nicht zentral, sondern nur auf verstreute und bruchstückhafte Weise den einzelnen Gliedern bekannt sind. Die Regeln und Regelmäßigkeiten, denen das Verhalten der einzelnen Glieder folgt, müssen nicht ausdrücklich bekannt sein. Es genügt, wenn sie befolgt werden und sich somit verlässliche Erwartungen über Verhaltensweisen gewinnen lassen.

In den gesellschaftlichen Ordnungen ist die Kenntnis konkreter Tatsachen notwendigerweise begrenzt, und deshalb ist es erforderlich, dass sich die Individuen abstrakten Regeln unterwerfen und sich nicht auf ihr zufälliges Wissen um die Umstände verlassen. Rationales Verhalten erfordert es sogar, konkrete Kenntnisse bewusst außer Acht zu lassen und sich ans Abstrakte zu halten. Denn tatsächlich wird das menschliche Verhalten in einem scheinbaren Streben nach Rationalität nur irrationaler, weil es seine entfernteren Folgen weniger berücksichtigt und deshalb ein weniger zusammenhängendes Ergebnis erreichen würde, wenn man sich nur auf das konkrete Tatsachenwissen beschränken würde.[69]

Große Bedeutung für Hayeks Verständnis komplexer, selbstbildender Ordnungen hat die Unterscheidung von »Rechtsordnung« und »Handelnsordnung«.[70] Solche komplexen, ungeplanten Ordnungen können sich herausbilden, wenn die Elemente Regelmäßigkeiten gehorchen, die von den Regelmäßigkeiten des Einzelverhaltens verschieden sind. Die Systeme der Verhaltensregeln, die Rechtsordnung, unterscheiden sich von den Verhaltensmustern in der Gruppe, der Handelnsordnung. Hayek betont, dass das Zusammenspiel, welches das Ganze der gesellschaftlichen Ordnung ausmacht, etwas anderes sei als die Regelmäßigkeit des Verhaltens der Teile: Wenn sich die Teile sehr regelmäßig verhalten, könne dies zur völligen Unordnung des Ganzen führen, wie umgekehrt eine Ordnung des Ganzen auch möglich sei, wenn das Verhalten der einzelnen Teile keine Regelmäßigkeit zeige. Zur Illustration des ersten Falls verweist Hayek auf den Entropiesatz der Thermodynamik, wonach die gleichmäßige und geradlinige Bewegung der elastischen Moleküle eines Gases zu völliger Unordnung führt. Auch in Bezug auf eine Gesellschaft sind Regeln vorstellbar, die zur Unordnung und Unmöglichkeit einer Gesellschaft führen müssten. Der zweite Fall sei in einer Gesellschaft beispielsweise gegeben, wenn alle Tätigkeiten nach einem Gesamtplan festgelegt wären und jeden Tag per Los dem Einzelnen seine Tätigkeiten zugewiesen würden: Im Handeln des Einzelnen wäre dann keinerlei Ordnung erkennbar, wohl aber in der Organisation als Ganzes.

Die Frage, welcher Art die Regelmäßigkeiten im Verhalten der Individuen sein müssen, damit die Reaktionen jedes Einzelnen auf die ihm bekannten Umstände zu einer Ordnung des Ganzen führen, identifiziert Hayek als Zentralproblem der Rechts- und Sozialwissenschaften. Inhaltlich läuft seine Antwort darauf hinaus, dass die Regeln des Privat- und Strafrechts ganz überwiegend geschützte Bereiche des Einzelnen abgrenzen, in die andere nicht eingreifen dürfen. Die Regeln der Rechtsordnung sichern also, dass jeder erhält, was ihm zusteht. Was aber konkret dem Einzelnen zukommt, hängt von den tatsächlichen Umständen ab, auf welche die Rechtsregeln Bezug nehmen. Erst zusammen mit diesen Tatsachen bestimmen die Regeln die konkreten Entscheidungen des Einzelnen. Sie sind daher eine notwendige, aber keine zureichende Bedingung für die Bildung einer Gesamtordnung. Ob sie zu einer solchen Bildung einer Gesamtordnung führen, hängt auch von den tatsächlichen Umständen ab. Die Rechtsordnung, so sagt Hayek knapp, bestimmt die Handelnsordnung mit. Die Regeln müssen dabei so formuliert sein, dass sie für eine unbekannte Anzahl künftiger Fälle gelten müssen, also im Respekt vor der konstitutionellen Unwissenheit über die Umstände, die künftig von den Einzelnen in die Bildung der Handelnsordnung eingehen soll.

Auch für die Marktordnung, die für ihn stets das wichtigste Beispiel gesellschaftlicher Ordnung ist, gilt, dass alle Tätigkeiten eine Anpassung an unvorhergesehene Veränderungen darstellen. Schon allein deshalb könne man unmöglich danach streben, alle Enttäuschungen zu vermeiden, und müsse sich damit zufriedengeben, Enttäuschungen auf das unvermeidliche Maß zu reduzieren. Selbst die Erhaltung des bestehenden Wohlstands erfordert ständige Anpassungsvorgänge von denen, deren Erwartungen durch die Veränderung von Umständen enttäuscht werden. Das schließt notwendigerweise ein, dass einzelne Gruppen relativ oder absolut absteigen und zur Anpassung ihres Verhaltens an die neuen Umstände gezwungen sind. Nur dann kann eine verhältnismäßige Stabilität der Versorgung der Bedürfnisse im Ganzen gesichert werden.

Der Versuch jedoch, alle Erwartungen auf konkrete Ergebnisse durch gezielte Verteilung zu befriedigen, muss scheitern, weil er den einzigartigen Vorteil der spontanen Ordnung preisgibt, der darin besteht, verstreutes und flüchtiges Wissen um Umstände zu nutzen, das sich nicht zentral zusammenführen lässt. Alle Anstrengungen, die konkreten Ergebnisse des Verhaltens der Individuen vorauszuplanen und es mit irgendwelchen Maßnahmen herbeiführen zu wollen, müssen unvermeidlich dazu führen, dass der spontane Charakter der Ordnung verloren geht und damit auch die Vorteile der Wissensnutzung, die mit ihr verbunden sind.

Das Ergebnis solcher Bemühungen wäre eine andere Art der Ordnung, eine Organisation, die sich nicht mit abstrakten Regeln und Mustervoraussagen zufriedengibt, sondern die auf Befehlen beruht, die das Verhalten der Individuen zum Zwecke der Erreichung bestimmter Ziele unmittelbar zu lenken versuchen. In *Law, Legislation and Liberty* markiert Hayek diese unterschiedlichen Ordnungsformen mit den bereits erwähnten Begriffen »Kosmos« und »Taxis«. »Taxis« meint die Welt der Organisationen, die mit Blick auf konkrete Zwecke eingerichtet und gelenkt werden und deswegen notwendigerweise von begrenzter Komplexität sind. »Kosmos« meint die Welt der spontanen Ordnungen, die nicht erfunden, sondern gewachsen sind, die keine unmittelbaren Zwecke verfolgen und deren Ergebnisse nur als abstrakte Muster vorausgesagt werden können. Während in der Welt der »Taxis« per Befehl und durch Maßnahmen von zentraler Stelle her organisiert und die Kontrolle über konkrete Ergebnisse angestrebt wird, erfolgt die Ordnung in der Welt des »Kosmos« durch Regeln und Regelmäßigkeiten im Verhalten der Individuen. Organisationen im Sinne der »Taxis« müssen scharf definierte Grenzen haben, damit die Folgen der Anweisungen halbwegs kontrolliert werden können, spontane Ordnungen hingegen haben offene Grenzen und können mehr oder weniger feste Kerne haben, in denen die Regeln und Regelmäßigkeiten besonders wirksam und verbindlich sind. Spontane Ordnungen in der Gesellschaft können sogar als Elemente Organisationen enthalten und bedürfen zumindest einer Organisation, die die Durchsetzung und gegebenenfalls die Weiterentwicklung der Regeln gewährleistet und vielleicht auch noch andere Leistungen erbringt: des Staates.

Für den Ökonomen Hayek drängt es sich auf, die Unterscheidung von »Kosmos« und »Taxis« auch im wirtschaftlichen Bereich herauszuarbeiten und zu präzisieren. Dabei stößt er allerdings auf das Problem, dass der Begriff der Wirtschaft doppeldeutig und deshalb ungeeignet ist, die ordnungspolitische Differenzierung zum Ausdruck zu bringen. Denn »Wirtschaft« oder »Oikos« bezieht sich ursprünglich auf den überschaubaren Haushalt, den der Hausvater zur Gänze überblickt und als Organisation anhand einer einheitlichen Zielhierarchie lenken kann. Die Vorgänge auf dem Markt sind jedoch von ganz anderer Qualität, und deshalb wählt Hayek im Anschluss an Mises den Begriff der »Katallaxie«, um die Ordnungsvorstellung des »Kosmos« auf wirtschaftliche Zusammenhänge zu beziehen.[71] Dass diese Katallaxie allein durch wirtschaftliche Beziehungen zusammengehalten wird, ist für Hayek nicht problematisch, sondern sogar ein Vorteil, denn die Katallaxie ist die einzige Ordnung, die beinahe die gesamte Menschheit umfassen kann. Vor der Neigung, ökonomische Ziele vor andere Ziele zu stellen, warnt Hayek ausdrücklich, denn für ihn gibt es eigentlich keine ökonomischen Ziele, da die wirtschaftlichen Bemühungen und Leistungen der Menschen stets letzten, nicht-ökonomischen Zwecken dienen.

Die Katallaxie ist für Hayek kein Nullsummenspiel, sondern ein Wohlstand schaffendes Spiel, das für alle Teilnehmer die Chancen erhöht, ihre Bedürfnisse zu befriedigen. Es ist ein Wettbewerb unter Regeln, bei dem Geschick, Stärke und Glück über die konkreten Ergebnisse entscheiden. Dass dieses Spiel Wohlstand schafft, hat damit zu tun, dass jeder Spieler über die Erträge seiner Anstrengungen dazu angehalten wird, Bedürfnissen zu dienen, die für ihn unsichtbar sind, und diese zu den geringstmöglichen Kosten zu befriedigen. Die Politik sollte sich laut Hayek auf die Gewährleistung der Regeln, unter denen der Wettbewerb abläuft, konzentrieren: »Ziel der Politik in solch einer Gesellschaft müßte es sein, für jedes beliebige, unbekannte Mitglied der Gesellschaft die Chancen, seine, ebenfalls unbekannten Ziele aussichtsreich zu verfolgen, in dem gleichen Maße zu erhöhen, und die Anwendung von Zwang (abgesehen von der Besteuerung) auf die Durchsetzung derjenigen Regeln zu beschränken, die bei genereller Anwendung in diesem Sinne jedermanns Chancen zu verbessern versprechen.«[72] In diesem Sinne ist die Katallaxie für Hayek der Musterfall einer spontanen Ordnung und Kernelement dessen, was er in wechselnden Begriffen als »Erweiterte Ordnung«, als »Große Gesellschaft« oder – in Anlehnung an Walter Lippmann bzw. Karl Popper – eher selten als »Gute« oder »Offene Gesellschaft« bezeichnet.

6. Jenseits von Instinkt und Vernunft: Die Theorie kultureller Evolution

Gemäß Hayeks Theorie der Ordnung erfolgen die Anpassung an veränderte Umstände und die Variationen des Verhaltens nicht nur innerhalb einer gegebenen Ordnung, sondern die Ordnungen selbst unterliegen einem Prozess der Entwicklung. Ordnungsregeln, die erfolgreichere Verhaltensweisen begünstigen, haben größere Aussichten, sich auszubreiten oder nachgeahmt zu werden, als die weniger erfolgreichen. Mit Hayeks Theorie der Ordnung ist daher seine Theorie kultureller Evolution untrennbar verbunden. Ihre Beziehung ist so eng, dass Hayek spontane Ordnung und kulturelle Evolution wiederholt als Zwillingsideen bezeichnet.

Die Vorstellung, dass man ausgehend von der Idee der spontanen Ordnung die kulturelle und zivilisatorische Entwicklung der Menschheit erklären könne, ist bei Hayek implizit schon früh angelegt und gelegentlich auch schon angesprochen worden. Die Ausarbeitung einer umfassenden Evolutionstheorie macht er sich aber vor allem mit dem 1978 entstandenen Nachwort zu *Law, Legislation and Liberty* zur Aufgabe.[73] Einige Aufsätze aus der ersten Hälfte der 1980er Jahre und das 1988 erschienene, aber fragmentarisch gebliebene *The Fatal Conceit* dienen dazu, aus einer evolutionstheoretischen Perspektive die zivilisatorische Leistung spontaner Ordnungen herauszustellen.

Im Kontext seiner Evolutionstheorie erklärt Hayek in dem erwähnten Nachwort *Die drei Quellen menschlicher Werte* Kultur als das Ergebnis eines Aussonderungs- und Siebungsvorgangs, der durch die unterschiedlich großen Vorteile gesteuert wird, die die verschiedenen Gruppen durch ihre verschiedenen Handlungsweisen erzielen. Diese Handlungsweisen müssen keineswegs bewusst eingeführt worden sein, sondern können aus unbekannten Gründen, vielleicht auch bloß zufällig, angenommen worden sein. Zur Entwicklung von Kultur gelangte der Mensch nicht wegen seiner Vernunft, sondern wegen seiner Fähigkeit zur Nachahmung und Weitergabe von Erlerntem. Mehr aus Gewohnheit als aus einem bewussten Verstehen heraus lernte er, was unter bestimmten Umständen zu tun sei und – vielleicht noch wichtiger – was nicht zu tun sei.

Komplexe, dauerhafte Gebilde wie die Gesellschaft beschreibt Hayek als Zustände, die nur als Ergebnis von Evolutionsvorgängen zu erklären sind. Je komplexer sie sind, desto mehr müssen sie zu ihrer Erhaltung ihre inneren Zustände an Veränderungen der Umgebung anpassen. Strukturveränderungen erfolgen dadurch, dass die Elemente des Ganzen solche Regelmäßigkeiten im Verhalten oder zumindest Fähigkeiten zur Befolgung von Regeln aufweisen, so dass als Ergebnis ihres Handelns die Ordnung des Ganzen wiederhergestellt wird, nachdem sie durch äußere Umstände gestört worden ist.

Hayek ist sich darüber im Klaren, dass die Verknüpfung von gesellschaftlicher Ordnung mit dem Evolutionsgedanken leicht den Vorwurf des »Sozialdarwinismus« hervorruft. Auf diesen Einwand reagiert er mit zwei Argumenten: Zum einen betont er, dass das Konzept von Entwicklung oder Evolution ein originär sozialwissenschaftliches Konzept ist, zum anderen stellt er die Unterschiede zwischen kultureller und biologischer Evolution heraus.[74]

Dass das Konzept der Evolution in den Sozialwissenschaften und nicht in der Biologie Darwins seinen Ursprung hat, begründet Hayek mit dem Hinweis, dass Darwin selbst seine Evolutionstheorie unter dem Einfluss der Lektüre von Adam Smith formuliert hat.[75] Zudem weist Hayek darauf hin, dass Begriff und Idee der Genetik zunächst bei Herder, Schiller und Humboldt im Kontext der Geisteswissenschaften auftauchten und sich von dort aus erst im 19. Jahrhundert als Fachbegriff in der Biologie etablierten.

Zu den Unterschieden zwischen kultureller und biologischer Evolution rechnet Hayek erstens den Umstand, dass die Entwicklung der Kultur auf der Übertragung erworbener Eigenschaften beruht, während biologische Entwicklung im Sinne Darwins durch die Übertragung organischer, körperlicher Eigenschaften erfolgt. Deshalb kann kulturelle Evolution auch viel schneller ablaufen als die biologische. Aus diesem Grund lehnt Hayek es ab, seine Evolutionstheorie als darwinistisch zu charakterisieren, und hebt stattdessen die Parallelen zu Jean-Baptiste Lamarck hervor, der einige Jahrzehnte vor Darwin die – in der Biologie allerdings unhaltbare – Theorie formulierte, dass erworbene Eigenschaften von Vorfahren auf Nachfahren übertragen würden.[76]

Einen zweiten Unterschied zwischen kultureller und biologischer Evolution sieht Hayek darin, dass das Individuum bei Ersterer nicht nur von seinen physischen Eltern, sondern von einer viel größeren Zahl an geistigen Vorfahren Gewohnheiten und Wissen übernimmt. Auch dies trägt zur Beschleunigung und zum Variationsreichtum des Evolutionsvorgangs bei.

Drittens ist der kulturelle Selektionsprozess keine Selektion von Individuen, sondern von Gruppen. Gruppen, die sich erfolgreich an die wechselnden Umstände anzupassen verstehen und in ihren Regeln die Erfahrungen früherer Generationen verarbeiten, haben eine höhere Chance auf Ausbreitung und Erhaltung als solche, deren Ordnungsbildung relativ unzulänglich bleibt.

Schließlich werden in der kulturellen Evolution keine körperlichen Merkmale oder Eigenschaften vererbt, sondern Verhaltensweisen, die bestimmte Institutionen herausbilden. Die Ausbreitung und Durchsetzung neuer Regeln kann auf verschiedene Weise erfolgen: durch die stärkere Vermehrung derjenigen Gruppen, die sie befolgen, durch höhere Attraktivität dieser Gruppen für Zuwanderung oder durch Adaption ihrer Verhaltensweisen durch andere Gruppen.

Wegen dieser Unterschiede hält Hayek die Beschreibung der Theorie kultureller Evolution als »sozialdarwinistisch« für höchst irreführend, sieht aber zwei wichtige gemeinsame Züge. Sowohl bei kultureller als auch bei biologischer Evolution ist zum einen das Selektionsprinzip der reproduktive Vorteil: Nur diejenigen Eigenschaften, die am meisten zur Vermehrung derer beitragen, die sie besitzen, setzen sich evolutorisch durch. Zum anderen unterscheiden sich beide Entwicklungstheorien von Entwicklungsgesetzen, wie sie von Comte, Hegel oder Marx formuliert wurden. Die Vorgänge der Entdeckung von unvorhersehbaren Umständen und der Anpassung an dieselben, wie sie von kulturellen und biologischen Evolutionstheorien beschrieben werden, können nämlich niemals zu einer Vorhersage zukünftiger Entwicklung führen, wie dies von deterministischen, historizistischen Theoretikern beansprucht wird, die den notwendigen und gesetzmäßigen Verlauf der Geschichte zu prognostizieren versuchen. Zwar geht auch Hayek davon aus, dass der Mensch im Laufe der kulturellen Evolution mehrere Moralsysteme durchläuft. Im Unterschied zu historizistisch-deterministischen Autoren sieht er jedoch keine aufeinanderfolgenden Stadien oder Epochen, sondern eine Überlagerung: Kulturelle Evolution führt nach Hayek zu einer Schichtung von Regeln und Moralsystemen.

Abgesehen von dem Umstand, dass das Verhalten der Menschen in wenigen Bereichen nach wie vor von genetisch vererbten Trieben gesteuert wird, unterscheidet Hayek idealtypisch zwei konkurrierende Moralsysteme: einerseits die Horden- oder Stammesmoral, deren Verhaltensregeln auf den überschaubaren Raum einer kleinen Gruppe bezogen sind und die deswegen von Hayek auch als »Mikrogesellschaft« oder »face-to-face«-Gesellschaft definiert wird, und andererseits die Moral der »Erweiterten Ordnung« oder der »Makrogesellschaft«, die so umfassend und so komplex ist, dass der Einzelne die Umstände und Folgen seines Handelns nicht mehr überblicken kann.

Es sind vor allem zwei Institutionen, denen Hayek für die Überwindung der ursprünglichen Instinkte und der Moral der Stammesgesellschaft entscheidende Bedeutung zumisst: das Privateigentum und die Familie. Auf die Familie, die in ihrer Überschaubarkeit und Nähe die einzige Ordnungsform ist, in der sich das kommunistische Ideal bewährt hat, geht Hayek anders als auf das Privateigentum nicht allzu detailliert ein. Privateigentum ermöglicht, dass sich Handel zwischen bislang isolierten Gruppen entwickeln kann, es erlaubt Arbeitsteilung und Spezialisierung, es sorgt für die Öffnung oder »Internationalisierung« von Gruppenverhalten und hat dadurch eine wohlstandsfördernde und integrierende Wirkung. Der auf dem Privateigentum basierenden wirtschaftlichen Dynamik billigt Hayek für die zivilisatorische Entwicklung des Menschen größere Bedeutung zu als der Etablierung staatlicher Macht, deren Wirkungen durchaus zwiespältig zu beurteilen sind.

Der Übergang von der Stammesmoral in die Moral einer spontanen Ordnung kommt für Hayek nicht zuletzt in der Bevölkerungsvermehrung zum Ausdruck: Die spontane Ordnung der Makrogesellschaft war schlichtweg in der Lage, mehr Menschen am Leben zu erhalten als die kleinen Stammesgesellschaffen. So erklärt Hayek insbesondere die Sozialgeschichte des 19. Jahrhunderts: Zunächst kam es infolge der Entfesselung marktwirtschaftlicher Dynamik zu einem hohen Bevölkerungswachstum, in einer zweiten Phase stieg der Wohlstand auch der ärmeren Schichten an. Gegenüber dem Bevölkerungswachstum zeigt Hayek ohnehin eine auffällige Gelassenheit. Er weist die Annahme zurück, dass Bevölkerungsvermehrung zu Verarmung führe, und betont, dass die Wohlstandssteigerung bei der Durchsetzung der spontanen Ordnung in erster Linie ärmeren Schichten zugutekomme, diese sich daher stärker als bereits wohlhabende Schichten vermehren und deshalb Bevölkerungswachstum oft mit einer relativen und absoluten Zunahme ärmerer Bevölkerungsgruppen einhergeht, deren bloßes Überleben vorher nicht möglich war. Gegenüber den globalen Debatten um Überbevölkerung und die Grenzen des Wachstums, wie sie in den 1970er und 1980er Jahren en vogue waren, rät Hayek auch deshalb zur Gelassenheit, weil er den Zenit des Bevölkerungswachstums in absehbarer Zeit erreicht sieht. Das Bevölkerungswachstum sei nicht in den am weitesten entwickelten Regionen am größten, sondern an deren Peripherie, wo bislang rückständige Regionen mit Wohlstand in Kontakt kommen und stürmische Modernisierungsprozesse durchlaufen. Sind erst einmal die Peripherregionen in diese Kernregionen des Wohlstands integriert worden, wird sich das Problem nach und nach lösen. Denn dort, wo sich die spontane Ordnung mit ihrem höheren Wohlstand durchgesetzt hat, nimmt das Bevölkerungswachstum wieder ab und kann sogar rückläufig werden.[77]

Im Rahmen seiner universal- und wirtschaftshistorischen Analysen zeigt Hayek auf, wie sich der Übergang von der Stammesgesellschaft zur Makrogesellschaft typischerweise vollzogen hat. Dass dieser evolutorische Prozess keineswegs konfliktfrei und geradlinig verläuft, verschweigt er nicht. Gerade der Umstand, dass der Mensch im Laufe seiner kulturellen Evolution mehrere Moralsysteme durchlaufen hat, führt zu Konflikten und Widerständen. Gemessen an der eher statischen Situation von Stammesgesellschaften ist die Entwicklung der »Offenen Gesellschaft« innerhalb weniger Jahrhunderte in einer so großen Dynamik abgelaufen, dass sich die Moralvorstellungen der Menschen bei Weitem noch nicht an sie angepasst haben. Sie stehen gleichzeitig unter dem Einfluss unterschiedlicher und bisweilen widersprüchlicher Moralsysteme und laufen immer wieder Gefahr, die »Offene Gesellschaft« mit all ihren Anforderungen und Enttäuschungen am Maßstab älterer Moralvorstellungen zu messen, die nur im Rahmen einer Stammesgesellschaft ihre Berechtigung hatten. Der zivilisatorische Erfolg der spontanen Ordnung ist daher immer wieder durch eine atavistische Sehnsucht nach der Mikrogesellschaft gefährdet. Eine Gefährdung der Zwischenergebnisse kultureller Evolution hält Hayek auch aus einer weiteren Überlegung heraus für möglich: Institutionen, die einmal etabliert sind, können moralische Konzeptionen hervorbringen, die sehr verschieden von denjenigen sind, die einst zum Aufstieg und zur Etablierung dieser Institutionen geführt haben. In dieser Interaktion von Moralregeln und Institutionen vermutet Hayek den wahren Kern des Aufstiegs und Falls von Institutionen.[78]

Dass es immer wieder zu diesen Konflikten kommt, hängt damit zusammen, dass der Mensch oftmals seinen Wünschen zum Trotz zivilisiert wurde. Kulturelle Selektion erlernter Regeln ist nötig, um ererbte Regeln zu unterdrücken. In diesem Sinne übt die Zivilisation eine disziplinierende Wirkung auf die Menschen aus: Sie müssen instinktive oder ältere Verhaltensweisen zu unterdrücken lernen, um die Vorteile zivilisatorischer Entwicklung nutzen zu können. Deshalb schätzt Hayek auch den Wert gesellschaftlicher Konventionen und weist Rufe nach »Befreiung« von dieser Disziplin als zivilisationsgefährdende Reflexe zurück. Für Rousseaus Sehnsucht nach natürlicher Freiheit oder Freuds Arbeit an der Überwindung kultureller Repressionen bringt er daher ebenso wenig Verständnis auf wie für die katholische Befreiungstheologie und andere Bewegungen der 1970er Jahre.[79]

Eine weitere Quelle von Spannungen im Verlauf des Evolutionsprozesses sieht Hayek im Konflikt zwischen der Bewahrung und der Weiterentwicklung von Verhaltensweisen und Regeln, denn damit neue Regeln gefunden werden können, muss Verhalten möglich sein, das von bisherigen Regeln abweicht. Wenn sich das abweichende Verhalten als überlegen erweist, kann eine Anpassung der Regeln erfolgen. Eine spontane Ordnung muss also trotz allem ein wenig Toleranz für Regelbrecher gewähren.

Freilich ist Hayek zurückhaltend darin, die spontane Evolution einfach mit Fortschritt gleichzusetzen. Die Evolution bringt einer größeren Anzahl von Menschen das, was sie erstrebt, aber sie bringt auch vieles, was niemand vorhergesehen hat und vielen nicht gefällt. Die Akzeptanz der evolutorisch gebildeten Regeln ist kein pures Vergnügen, keine Lustbefriedigung im Sinne utilitaristischer Vorstellungen, sondern kann mit vielen Unannehmlichkeiten verbunden sein: So muss der Einzelne lernen, mit Verantwortung, Risiko, Arbeitsdisziplin und der Konkurrenz durch andere zu leben oder Einkommensunterschiede hinzunehmen. Der Fortschritt erfolgt oft auch rascher, als es vielen recht ist, und in vielen Fällen kämen die Menschen mit ihm besser zurande, wenn er langsamer abliefe. Doch diese Unannehmlichkeiten können für Hayek kein Argument sein, Fortschritt aufzuhalten oder ihn vorausplanen zu wollen. Es lassen sich nur günstige Rahmenbedingungen für Fortschritt setzen, und seine Ergebnisse sind notwendigerweise überraschend: »Gelenkter Fortschritt ist kein Fortschritt.«[80]

Bemerkenswert ist, dass der erklärte Agnostiker Hayek in seinen späten Jahren die Bedeutung der Religionen im Prozess der kulturellen Evolution würdigt.[81] Schließlich stellt sich ihm die Frage, unter welchen Bedingungen moralische Konventionen und Traditionen bewahrt und überliefert werden, deren Funktion nicht vollständig verstanden werden kann und die deshalb zahlreichen Anfechtungen von konstruktivistischer Seite ausgesetzt sind. Hier nun erkennt er die große Bedeutung der Religionen als Hüterinnen der Moral. Skeptisch gegenüber allen anthropomorphen Gottesvorstellungen, vermutet er, dass die Bedeutung dessen, was religiöse Menschen als Gott bezeichnen, lediglich eine Personifizierung derjenigen moralischen Traditionen ist, die die Gesellschaft am Leben erhalten. Dass Moralvorstellungen tradiert werden konnten und gegen atavistische Herausforderungen verteidigt wurden, war nach Hayek oftmals deshalb möglich, weil die betreffenden Verhaltensregeln in übernatürliche Vorstellungen, symbolische Wahrheiten, Mythen und Rituale gefasst und damit geschützt wurden: »Nichts hätte die Entwicklung der Kultur erfolgreicher verhindert als der Entschluß des Menschen, nichts zu glauben, was er nicht beweisen kann.«[82]

Freilich ist damit auch angedeutet, dass die Religionen nicht nur eine aktive Rolle als Bewahrer von unverstandenen Traditionen spielen, sondern ihrerseits dem Evolutionsprinzip unterliegen. Denn vor allem diejenigen Religionen haben sich behaupten können, die die moralischen Regeln einer spontanen Ordnung bewahrt haben. Zumal der Erfolg des Christentums ist für Hayek darin begründet, dass es in den Zehn Geboten und in seiner personalistischen Sozialethik Moralvorstellungen geschützt und auszubreiten geholfen hat, die den Regeln für eine freie Gesellschaft entsprechen, insbesondere also die Institutionen Familie und Privateigentum. In der Tradition von Alexis de Tocqueville und Lord Acton und im Unterschied zu vielen atheistischen Liberalen hält er Liberalismus und Christentum grundsätzlich für miteinander vereinbar.

Während das Christentum sich als Hüter einer erfolgreichen Moral ausgebreitet und die Entfaltung einer spontanen Ordnung begünstigt hat, sieht Hayek keine Chancen für solche Religionen, die die entscheidenden Institutionen Familie und Privateigentum mit all dem, was auf ihnen aufbaut, infrage stellen. Zwar treten immer wieder Bewegungen auf, die die Ergebnisse der kulturellen Evolution bekämpfen und für Moralvorstellungen werben, die nur einer Stammesgesellschaft angemessen sind. Die Lebensdauer solcher Bewegungen sei aber auf zwei bis drei Generationen begrenzt, weil sie auf einer intellektuellen Illusion beruhen, die praktisch nicht einlösbar ist. Mit seinem Studienkollegen Eric Voegelin stimmt Hayek insofern überein, als auch er die großen Massenbewegungen des 20. Jahrhunderts als quasireligiöse Bewegungen deutet. Trotz aller Unterschiede sieht er den gemeinsamen Kern von Ideologien und Bewegungen wie Kommunismus, Faschismus oder Nationalsozialismus darin, dass sie für Moralvorstellungen werben, die im Widerspruch zu den Regeln der »Offenen Gesellschaft« stehen und in atavistischer Manier das Ideal der Horde beschwören: »Der Sozialismus ist einfach ein Wiedererstarken jener Stammesmoral, deren allmähliche Schwächung es ermöglicht hat, der Großen Gesellschaft näherzukommen.«[83]

Es bereitet Hayek zeitlebens sichtliche Sorgen, dass die großen Massenideologien des 20. Jahrhunderts im Kern ihrer gesellschaftlichen und insbesondere wirtschaftlichen Ordnungsvorstellungen auf Prämissen zurückgreifen, die wissenschaftlich lange zuvor durch Rationalismus, Utilitarismus, Positivismus und Szientismus vorbereitet wurden, deren Repräsentanten die Bedeutung von »symbolischen Wahrheiten«, wie sie das Christentum tradiert, pauschal als unbeweisbaren Aberglauben zurückweisen und über weite Strecken kein Verständnis für die Bedeutung der spontan gewachsenen und nicht vernunftgemäß erfundenen Ordnungen aufbringen. Wie die Titel seiner Nobelpreisrede von 1974, *The Pretence of Knowledge*, und seines letzten Buches von 1988, *The Fatal Conceit*, zum Ausdruck bringen, sieht Hayek eine verhängnisvolle Anmaßung darin, die dritte Quelle moralischer Werte zu ignorieren und alle soziale Ordnung dem Tribunal der ausdrücklichen Vernunft zu unterwerfen. Die Vorstellung, dass sich die Menschheit am Schopfe ihrer Vernunft aus dem Sumpf ziehen könne, weist Hayek als »Münchhausen-Syndrom« des Rationalismus mit aller Schärfe zurück.[84]

7. Freiheit und Zwang

Es mag verwundern, dass sich bis hierhin ein Begriff als nahezu entbehrlich erwies, der für Hayeks Denken konstitutiv ist: Freiheit. In der Tat sieht sich Hayek zeitlebens in der Tradition des klassischen Liberalismus und der ihm zugrunde liegenden individualistischen Philosophie, die er mit Namen wie Perikles, Cicero, Erasmus, Montaigne und weiten Teilen der christlichen Ethik verbindet. In den Umdeutungen des Freiheitsbegriffs, wie sie etwa in der Mitte des 19. Jahrhunderts einsetzten und sich in Schlagworten wie »neue Freiheit«, »Freiheit von Not« oder »wirtschaftliche Freiheit« ausdrückten, sieht Hayek denn auch die geistigen Grundlagen für die totalitären Bewegungen und Diktaturen seiner Zeit. Sein intellektueller Antrieb in der Auseinandersetzung mit diesen Herausforderungen für eine freie Gesellschaft besteht darin, den Freiheitsbegriff von solchen Umdeutungen zu reinigen und den klassisch liberalen Freiheitsbegriff zu rehabilitieren.

In diesem Sinne mangelt es nicht an Gelegenheiten, bei denen Hayek Freiheit als moralischen Wert setzt und ein normatives Bekenntnis zu ihr ablegt. Häufig betont er auch, dass Freiheit, wie er sie versteht, nicht in Konkurrenz oder Abwägung zu anderen Werten gesehen werden kann, sondern die unentbehrliche Voraussetzung aller anderen Werte ist. Nur wer selbst in eigener Verantwortung zwischen guten und schlechten Handlungsalternativen auswählen kann, kann moralisch wertvoll handeln. Insbesondere Solidarität als moralische Handlung gegenüber bedürftigen Mitmenschen setzt voraus, dass der Helfende in freier Entscheidung handelt. Wo Solidarität hingegen über kollektive Umverteilung erzwungen wird, also der Einzelne gar nicht selbst über seine Freigebigkeit entscheiden kann, ist es sinnlos, von moralisch gutem Verhalten zu sprechen.

Allerdings stehen solche normativen Bekenntnisse nicht im Mittelpunkt von Hayeks Argumentation. Mehr Raum nimmt bei ihm der Begriff der Freiheit als methodologische Kategorie der Sozialwissenschaften ein. Das Konzept der individuellen Handlungsfreiheit ist für ihn unverzichtbar, wenn es um das Verständnis des Handelns Einzelner und der darauf aufbauenden komplexen Phänomene gesellschaftlicher Ordnung geht. Weder die Funktion von Preisen als Signalen für die Teilnehmer des Wettbewerbs noch die Bedeutung von Verhaltensregeln für die Handlungen der Einzelnen wären verständlich, wenn man nicht davon ausginge, dass es der Einzelne ist, der unter dem Eindruck konkreter Situationen und Umstände und unter Verwendung des ihm subjektiv zur Verfügung stehenden Wissens freie Entscheidungen über sein Verhalten trifft. Würde man nicht von der Handlungsfreiheit des Einzelnen ausgehen und die Subjektivität der Wahrnehmungs- und Handlungsweisen anerkennen, müsste man soziales Handeln als unerbittlichen Mechanismus von Reiz und Reaktion begreifen und einem Objektivismus huldigen, der mit mathematischer Präzision Vorhersagen über die Auswirkungen von Änderungen der äußeren Daten auf individuelles Verhalten zu treffen beansprucht. Wenn Hayek in diesem Sinne von Freiheit spricht, wird sie also nicht als normative Forderung formuliert, sondern sie dient als Konzept zum Verständnis des Handelns des Menschen und zum Verständnis der Koordinierungsprozesse zwischen den Verhaltensweisen vieler Individuen, die ganz entscheidend von den Erwartungen über das Verhalten anderer geleitet werden.

Mit diesem methodologischen Freiheitsverständnis verbunden ist ein dritte Argumentationsfigur, die bei Hayek immer wieder in Erscheinung tritt. Es handelt sich um die Einsicht, dass es angesichts der intellektuellen und wissenschaftlichen Gefechtslage müßig wäre, den Begriff der Freiheit als normative Forderung zu erheben. Um Feinde, Skeptiker und falsche Freunde des Begriffs der individuellen Freiheit zu überzeugen und eine methodologische und intellektuelle Wende auszulösen, ist Hayek in seiner Argumentation deshalb stets daran gelegen, den Nutzen von Freiheit für eine komplexe Wirtschafts- und Gesellschaftsordnung herauszuarbeiten. Immer wieder fällt auf, dass Hayek den Streit um Werte umgeht und stattdessen argumentiert, die Gegner der individuellen Freiheit verfolgten moralisch ehrbare Ziele, reflektierten allerdings die Konsequenzen ihrer Positionen unzureichend. Ihr Fehler sei nicht moralischer, sondern intellektueller Natur, insofern sie die Bedeutung individueller Freiheit für eine wohlhabende und glückliche Gesellschaft schlichtweg unterschätzen und deren Ordnungsprobleme missverstehen.

So wichtig der Freiheitsbegriff bei Hayek auch ist, unterliegt sein Stellenwert im Laufe der Jahrzehnte doch einigen Schwankungen. Zum ersten Mal gerät der Begriff der Freiheit bei Hayek im Jahre 1938 in den Brennpunkt, als er in der im Folgejahr noch einmal erweiterten Broschüre *Freedom and Economic System*[85] zentrale Gedanken seines späteren *The Road to Serfdom* vorwegnimmt. In beiden Schriften steht für Hayek das Verhältnis von individueller Freiheit und Planwirtschaft im Mittelpunkt. Diese hält Hayek für miteinander unvereinbar, da jede Planwirtschaft ein umfassendes Einverständnis über die relative Bedeutung der verschiedenen Zwecke voraussetzt. Dieses für die Durchführung eines einheitlichen Plans notwendige Einverständnis muss weit größer sein als jenes, das durch freiwillige Übereinkunft erreichbar wäre, und kann daher nur mit Zwang durchgesetzt werden. Schon hier wird deutlich, dass es für Hayek unvorstellbar ist, wirtschaftliche Freiheit im Sinne der Verfügung über ökonomische Mittel von anderen Formen der Freiheit im Sinne von Zwecken, für die die ökonomischen Mittel eingesetzt werden, zu unterscheiden. Für Hayek ist Freiheit unteilbar, und er sieht sogar wirtschaftliche Freiheit als eine unverzichtbare Voraussetzung für die Achtung des Individuums im Allgemeinen an. Im historischen Rückblick sieht er nur dort das Individuum anerkannt, wo der Handel blüht, sich das Wirtschaftsleben frei entfaltet und die schöpferischen Kräfte des Menschen entfesselt werden. Sogar die Wissenschaft als kreative Tätigkeit des Menschen konnte laut Hayek nur dort gedeihen, wo bereits Gewerbefreiheit gewährleistet war.

Da in *The Road to Serfdom* die Unvereinbarkeit von Freiheit und Sozialismus im Fokus der Argumentation steht, setzt sich Hayek dort auch mit dem Verhältnis von Freiheit und Sicherheit auseinander.[86] Denn das Bedürfnis, die Risiken der Freiheit zu mindern und materielle Sicherheit zu gewährleisten, ist in seinen Augen eines der typischen Argumente für eine sozialistische Gesellschaft und eine der großen Gefährdungen für eine freiheitliche Ordnung. Zur Klärung des Verhältnisses von Freiheit und Sicherheit bietet Hayek eine Unterscheidung von begrenzter und absoluter Sicherheit an.

Begrenzte Sicherheit ist eine Sicherheit, die mit Freiheit vereinbar ist und allen Menschen gewährt werden kann. Unter ihr versteht Hayek die Sicherung gegen körperliche Entbehrungen, die Gewährung eines Mindesteinkommens, Unterstützung bei Vorsorge, staatliche Hilfe bei der Organisation von Sozialversicherungen, Hilfe für die Opfer von Heimsuchungen und Katastrophen. Um Arbeit und Mindesteinkommen zu garantieren, kann sich Hayek einen freiwilligen Arbeitsdienst vorstellen.

Demgegenüber steht absolute Sicherheit außerhalb der Marktwirtschaft, ist mit Freiheit unvereinbar und kann nicht allen, sondern nur ausgewählten Gruppen als Privileg gewährt werden. Hayek denkt bei dieser Form von Sicherheit vor allem an den Schutz vor Einkommensminderungen oder die Forderung nach gerechter Entlohnung, die er mit freier Berufswahl für unvereinbar hält. Dass er die fallweise Zuteilung von Sicherheit als Privileg an ausgewählte Gruppen für höchst problematisch hält, begründet er mit folgendem Argument: Wenn einer bestimmten Gruppe aus einer schwankenden Menge an Einkommen eine feste Menge an Einkommen garantiert wird, muss dies die Unsicherheit für alle anderen Gruppen noch erhöhen, die nicht in den Genuss des Sicherheitsprivilegs gelangen. Die Folge wird eine Interventionsspirale sein, da auch die bislang nicht privilegierten Gruppen Einkommensgarantien vom Staat verlangen und sich der politische Wettbewerb auf die Befriedigung dieser Gruppeninteressen ausrichten wird.

Mögen diese frühen Positionen im Kontext von Hayeks Werk auch wichtig sein und in späteren Schriften fortwirken, so findet sich die umfassende Diskussion des Freiheitsbegriffs bei Hayek vor allem im ersten Teil des 1960 erschienenen *The Constitution of Liberty*. Das Freiheitsverständnis, das Hayek hier entwickelt, bleibt auch die Grundlage für die weiterführenden verfassungstheoretischen Überlegungen in *Law, Legislation and Liberty* und die evolutionstheoretischen Perspektiven in *The Fatal Conceit*.

Hayek sieht sich zu Beginn dieses Buchs dem Problem gegenüber, dass der Begriff Freiheit auf sehr unterschiedliche Zustände bezogen wird. Deshalb grenzt er das Freiheitsverständnis, das ihm vor Augen steht, von anderen Zuständen ab. So versteht er unter Freiheit ausdrücklich nicht »politische Freiheit« im Sinne von Beteiligung der Bürger an der Wahl ihrer Regierung, an Gesetzgebung oder Verwaltung. Dieser Zustand sei zwar eine Art kollektiver Freiheit, aber ein in diesem Sinne politisch freies Volk müsse kein Volk freier Menschen sein, denn es sei durchaus möglich, sich per Stimmabgabe der Sklaverei zu unterwerfen.

Ebenso grenzt er sein Freiheitsverständnis von jenem Zustand ab, der häufig als »innere Freiheit« umschrieben wird und bedeutet, dass das Individuum von bewusster Willenskraft, Vernunft und Überzeugungen geleitet wird und nicht unter dem Einfluss vorübergehender Emotionen oder von Schwäche steht. Hayek hält es ohnehin für einen irrigen Glauben, dass der wissenschaftliche Determinismus die Grundlage für persönliche Verantwortung zerstört habe.

Unter Freiheit versteht Hayek auch nicht die »physische Möglichkeit ›zu tun, was ich wünsche‹«[87], die Macht, Wünsche zu befriedigen, oder den Bereich offenstehender Möglichkeiten, also etwas, was man auf die Formel »Freiheit von allen Hindernissen« bringen könnte. Solche Vorstellungen weist Hayek vor allem deshalb zurück, weil ihm dahinter eine gefährliche Verwechslung von Freiheit mit Macht oder Reichtum zu liegen scheint.

Während Hayek als Gegenbegriff zur Macht die Beschränkung sieht, die jemanden davon abhält, etwas zu tun, stellt er die Freiheit einem anderen Begriff gegenüber: Zwang in dem Sinne, dass jemand dazu gebracht wird, etwas Bestimmtes zu tun. Kurzgefasst definiert Hayek Freiheit als »Abwesenheit von Zwang«. Hayek bevorzugt dabei die Bezeichnung »individuelle« anstelle von »bürgerlicher« oder »ziviler« Freiheit und meint damit einen Zustand, »in dem ein Mensch nicht dem willkürlichen Zwang durch den Willen eines anderen oder anderer unterworfen ist«[88]. Es geht um die Möglichkeit, nach eigenen Entschlüssen und Plänen zu handeln, und damit um die Unabhängigkeit von der Willkür anderer. Freiheit bezeichnet somit stets eine

Beziehung zwischen Menschen, und der ihr entgegengesetzte Zwang ist etwas anderes als die Begrenzung physischer Möglichkeiten oder die Hinderung durch äußere Umstände.

Auf den nahe liegenden Vorwurf, dass die Definition von Freiheit als »Abwesenheit von Zwang« bloß »negativ« sei, geht Hayek ein und weist darauf hin, dass dieser negative Charakter auch auf andere Zustände wie Frieden, Ruhe oder Sicherheit zutreffe. Freiheit sei etwas Positives nur durch den Gebrauch, den man von ihr mache. In *Law, Legislation and Liberty* bietet Hayek allerdings durchaus eine Definition von Freiheit an, die als positive Umschreibung gelesen werden kann: Freiheit sei derjenige Zustand, »in dem jeder sein Wissen für seine Zwecke gebrauchen kann«[89].

Wie Hayek Freiheit und Macht unterscheidet, so argumentiert er auch gegen eine Gleichsetzung von Macht und Zwang. Macht als »die Fähigkeit, das Erstrebte zu erreichen«, ist an sich für Hayek nichts Schlechtes, »sondern nur die Macht, Zwang auszuüben, andere Menschen durch die Drohung, ihnen Schaden zuzufügen, dem Willen eines anderen dienstbar zu machen«[90].

Zwang grenzt er auch ab von den »Bedingungen, unter denen unsere Mitmenschen bereit sind, uns bestimmte Dienste oder Vorteile zu bieten«[91]. Aus Hayeks Sicht ist die Abhängigkeit von den Dienstleistungen anderer sogar ein Kennzeichen einer freien Gesellschaft. Kein Zwang sei gegeben, wenn ein Erzeuger seine Waren nur zu einem von ihm festgesetzten Preis verkaufen will. Das gilt grundsätzlich auch für den Monopolisten, der entbehrliche Güter oder Leistungen anbietet: »Solange die Dienstleistungen einer bestimmten Person für die Erhaltung meines Lebens oder mir höchst wichtiger Werte nicht unentbehrlich sind, stellen die Bedingungen, an die sie die Leistungserbringung knüpft, keinen Zwang dar.«[92] Eine Zwangssituation sieht Hayek als gegeben an, wenn ein Monopolist, etwa der Wasserquellenbesitzer in einer Wüste, über unentbehrliche Güter verfügt. Das zweckmäßigste und wirksamste Mittel gegen die Gefahr, dass ein Monopolist in diesem Sinne Zwang ausübt, sieht Hayek in der Vorschrift, dass der Monopolist alle Kunden gleich behandeln muss und sie nicht diskriminieren darf. Diese Lösung für Probleme, die bei Monopolen über unentbehrliche Güter entstehen können, entspricht der Regel, nach der Hayek auch die Zwangsgewalt des Staates beschränkt sehen will. Im Allgemeinen nimmt Hayek gegenüber Monopolen eine gelassene Haltung ein und tritt nicht für ein generelles Monopolverbot ein. Aber mit Blick auf den Arbeitsmarkt hält er es durchaus für denkbar, dass Monopole Gelegenheit zu echtem Zwang bieten – etwa ein Arbeitgeber, der über viele Arbeitsplätze in einem Gebiet verfügt, oder eine Gewerkschaft, die den Zugang zu Arbeitsplätzen zugunsten ihrer Mitglieder monopolisiert. In einer funktionierenden Wettbewerbswirtschaft mit vielen Ausweichmöglichkeiten bleiben solche Situationen jedoch nach Hayeks Auffassung die Ausnahme. Hingegen besteht eine unbeschränkte Zwangsgewalt, wo der Staat als einziger Arbeitgeber und einziger Eigentümer von Produktionsmitteln auftritt.

Zwang – sei es als Androhung oder als Ausübung von Gewalt – kann dem Einzelnen durchaus noch eine Wahl lassen, aber entscheidend ist der Umstand, dass die Alternativen so gestaltet werden, dass das von dem anderen gewünschte Verhalten das geringere Übel wird. Dadurch wird der Einzelne der Möglichkeit beraubt, sein Wissen für eigene Ziele zu verwenden. Zwang betrachtet Hayek deswegen als Übel, weil das Individuum durch ihn als denkendes und wertendes Wesen ausgeschaltet wird und zu einem bloßen Werkzeug eines anderen Willens wird: »Zwang ist also böse, weil er verhindert, daß ein Mensch seine geistigen Fähigkeiten voll nützt, und damit auch, daß er den besten seinen Fähigkeiten entsprechenden Beitrag für die Gemeinschaft leistet.«[93] Das ist aus seiner Sicht deswegen so nachteilig, weil er in der individuellen Freiheit die Grundlage für die schöpferische Kraft einer Zivilisation sieht. Zivilisation beginnt, so Hayek, eigentlich erst, sobald der Einzelne mehr Wissen nutzen kann, als er selbst erworben hat. Freiheit ist in diesem Zusammenhang entscheidend, um Raum für das Unvorhersehbare zu lassen. Es sind die freiheitlichen, wettbewerblichen Bemühungen der Individuen, die Dinge hervorbringen, welche man erst wünscht, wenn man sie sieht. Fortschritt ist in diesem Sinne das Auffinden des noch nicht Bekannten und daher unvorhersehbar. Wer individuelle Freiheit beschränkt, lässt daher auch die unzähligen Quellen des Fortschritts versiegen. Auf die einzelnen Inhalte des Zwangs kommt es dabei nicht an, denn von Übel ist aus Sicht Hayeks nicht, zu was, sondern dass der Einzelne zu irgendetwas gezwungen wird.[94]

Alle Institutionen der Freiheit sind Versuche, sich an die Tatsache des Unwissens und der Verstreutheit des Wissens anzupassen. Hayek liegt vor diesem Hintergrund der Gedanke fern, dass individuelle Freiheit ein natürlicher Zustand des Menschen sei. Freiheit ist ein künstliches Produkt der Zivilisation, das ohne Plan entstanden ist und dessen Wert darin besteht, Gelegenheiten für das Entstehen des Ungeplanten zu bieten. Das kollektive Handeln freier Individuen ist nicht zweckgerichtet, sondern bringt ungeplante, erst im Nachhinein gegebenenfalls als nützlich oder wünschenswert einzustufende Ergebnisse hervor. Wer glaubt, dass die Zivilisation eine bewusste Erfindung sei, der muss zu einem Feind individueller Freiheit werden. Wer hingegen ein Gespür für die Bedeutung individueller Freiheit als Quelle zivilisatorischer Entwicklung hat, der wird eine gewisse Ehrfurcht vor den Einrichtungen, Gebräuchen und Gewohnheiten einer Gesellschaft haben. Wer für individuelle Freiheit argumentiert, wird sie zudem als Prinzip anerkennen, seine Wertschätzung ihr gegenüber nicht mit Rücksicht auf konkrete Folgen verändern und sie gegen konkrete Zweckabwägungen verteidigen.

Gerade wegen der Bedeutung der Freiheit für die unvorhersehbaren Ergebnisse spontanen Fortschritts ist Hayek ein vehementer Gegner einer Verteidigung der Freiheit, die sich auf bloße Zweckmäßigkeitsargumente stützt. Seine Verteidigung der Freiheit versteht sich als unbeugsam und dogmatisch: Es geht um das Prinzip der Freiheit und nicht um konkrete Ergebnisse, die sie hervorbringt und die pragmatisch abgewogen werden könnten. Gegen ein bloßes Zweckmäßigkeitsargument, dem eine umfassende und konkrete Prognose der Ergebnisse von Freiheit zugrunde liegen müsste, spricht auch, dass die Vorteile der Freiheit nicht auf diejenigen beschränkt sind, die im Besitz von Freiheit sind oder Gebrauch von ihr machen. Der eigene Gebrauch von Freiheit ist nicht notwendig wichtig, denn allein schon die Ergebnisse des Gebrauchs der Freiheit durch die einen kann den anderen Vorteile bringen. Der Zustand der Freiheit sei wegen seiner allgemein nützlichen Folgen auch für denjenigen wünschenswert, der keinen Gebrauch von ihr macht. Dieser Hinweis ist Hayek deswegen so wichtig, weil er eine Angestelltenkultur auf dem Vormarsch sieht, in der zahlreiche Verwendungen von Freiheit für viele Menschen keine unmittelbar erlebbare Bedeutung mehr haben und die Freiheit der Unselbständigen von einer kleinen Gruppe von Menschen abhängt, die ihre Freiheit nutzen.

Hayek räumt sehr wohl ein, dass Freiheit nach seinem Verständnis nicht nur bequem und angenehm, sondern durchaus eine Last sein kann. Freiheit und Elend schließen sich nicht aus: »Freiheit bedeutet nicht alle guten Dingen oder die Abwesenheit aller Übel. [...] In dem Sinn, in dem wir das Wort gebrauchen, ist ein bettelarmer Vagabund in seinem unsicheren, immer nur momentane Gelegenheiten nützenden Leben freier als der

Soldat mit all seiner Sicherheit und seinem relativen Komfort.«[95] Zu den Unannehmlichkeiten der individuellen Freiheit gehört für Hayek insbesondere, dass sie von dem Begriff der individuellen Verantwortung nicht zu trennen ist. Wer Freiheit gebraucht, muss die Folgen seines Handeln verantworten, und nur wer in Freiheit handelt, kann verantwortlich gemacht werden.

Ein wichtiger Aspekt von Freiheit besteht für Hayek darin, dass Freiheit unteilbar ist und einen Zustand umschreibt, in dem alles erlaubt ist, was nicht ausdrücklich verboten ist. Wo hingegen von Freiheiten im Plural die Rede ist, sieht Hayek die Anhäufung von Privilegien und mithin einen Zustand, in dem alles verboten ist, was nicht ausdrücklich erlaubt ist. Insofern ist die Ausgestaltung individueller Freiheit aus Hayeks Sicht unvorhersehbar und deswegen auch jeder Versuch zum Scheitern verurteilt, Freiheitsrechte zu katalogisieren. So umfangreich und ambitioniert Grundrechtskataloge auch ausfallen mögen, muss doch jeder Katalog notwendigerweise unvollständig sein und darüber hinwegtäuschen, dass auch ungenannte Ausprägungen individueller Freiheit schützenswert sind. Eine große Gefahr sieht Hayek auch darin, dass in umfassenden Grundrechtskatalogen konkurrierende und miteinander unvereinbare Freiheitsverständnisse und Leistungserwartungen niedergelegt werden. Anstelle solcher Grundrechtskataloge plädiert er daher für eine verfassungsrechtliche Verankerung individueller Freiheit als Rechtsstaatlichkeit und Gleichheit vor dem Gesetz, die auf eine beliebige Zahl unbekannter Situationen angewandt werden kann.

Hayek räumt ein, dass es Grauzonen beim Verständnis von Freiheit und Zwang gibt und dass es vor allem darum gehen muss, schwere Formen des Zwangs auszuschließen. Aber es lasse sich nicht völlig verhindern, dass Menschen einander Schaden zufügen oder mildere Formen des Zwangs auftreten. »Da Zwang die Kontrolle über die wesentlichen Daten des Handelns eines

Menschen durch einen anderen ist, kann er nur verhindert werden, indem dem Einzelnen die Sicherung eines gewissen privaten Bereichs ermöglicht wird, in dem er gegen solche Eingriffe geschützt ist. Die Sicherheit, dass bestimmte Umstände seiner Umgebung nicht von jemand anderem willkürlich geändert werden können, kann ihm nur von einer Instanz gegeben werden, die die nötige Macht hat. Die Ausübung von Zwang auf einen Menschen durch einen anderen kann nur durch Androhung von Zwang verhindert werden.«[96]

Hayek konzediert, dass Freiheit in diesem Verständnis niemals vollkommen erreicht werden kann und Zwang nicht völlig vermeidbar ist. Zwang kann nur durch Zwang oder dessen Androhung vermieden werden, und gerade hierhin sieht Hayek das entscheidende Argument und zugleich die Grenze für das Zwangsmonopol des Staates. Zwang des Staates ist gerechtfertigt, soweit er zur Vermeidung von Zwang durch andere erforderlich ist. Staatlicher Zwang muss für Hayek nach allgemeinen und bekannten Regeln erfolgen, auf deren Anerkennung der Einzelne seine Pläne aufbauen kann. Solcherart eingehegt, kann staatlicher Zwang zu einem Werkzeug werden, das den Individuen bei der Verfolgung ihrer Ziele hilft. Staatlicher Zwang würde aber dann seinen Zweck verfehlen – Hayek denkt hier vor allem an den Missbrauch der Staatsmacht durch Verbandsinteressen –, wenn er als Mittel diente, das zur Erreichung von Zielen anderer verwendet wird. Die Verhinderung von Zwang ist für Hayek eine wichtige Rechtfertigung für Zwangsandrohung durch den Staat, auf die er deshalb so viel Wert legt, weil ihre strikte Beachtung die Begrenzung von Staatstätigkeit klärt. Daneben kann er sich aber als Rechtfertigung noch andere Gründe vorstellen, insbesondere die Verhinderung von Betrug und Irreführung. Zudem stellt Hayek wiederholt heraus, dass die Ausübung der Zwangsgewalt nicht die einzige Aufgabe des Staates ist, sondern dass dieser auch eine Reihe von Dienstleistungen erbringen kann. Diese werden in Hayeks Freiheitskonzept vor allem dann zum Problem, wenn sich ihre an sich nicht mit Zwang erfolgende Erbringung auf Zwangsfinanzierung, also auf Besteuerung, stützt.

8. Recht und Gesetzgebung

Hayeks Position, dass staatlicher Zwang notwendig ist, um Freiheit zu sichern, ebnet den Weg zu seinen Vorstellungen über Recht und Gesetzgebung. Da Freiheit für ihn ein Resultat zivilisatorischer Entwicklung ist, ist ihm eine anarchische Freiheitsromantik fremd. Die auch von Utilitaristen wie Jeremy Bentham vertretene Position, dass jedes Gesetz Freiheit einschränke, teilt Hayek deshalb ausdrücklich nicht. Er stellt sich vielmehr in die Tradition von Autoren wie David Hume und Immanuel Kant, wenn er bekräftigt, dass Freiheit erst durch das Recht entsteht und dass Herrschaft auch in einer freien Gesellschaft unvermeidlich und notwendig ist. Freiheit kann nur dort etabliert werden, wo privater Zwang verhindert und Schutzbereiche individueller Freiheit gesichert werden. Dies wird nur gewährleistet durch eine staatliche Zwangsgewalt, die das Recht durchsetzt und aus dieser Funktion ihre Rechtfertigung und ihre Begrenzung erfährt. Freiheit ist für Hayek immer Freiheit durch das Recht.

Seine Rechtstheorie hat Hayek im Wesentlichen an zwei Stellen ausformuliert: zum einen in *The Constitution of Liberty*, wo er an die »rule of law«- und Rechtsstaatstheorien der Antike, des Mittelalters und der Neuzeit anknüpft, zum anderen in *Law, Legislation and Liberty*, wo er neue Begrifflichkeiten einführt und die Bedeutung des gewachsenen Rechts im Sinne der common law-Tradition akzentuiert. Am Beginn der Erarbeitung seiner Rechtstheorie stehen Mitte der 1950er Jahre ideenhistorische Suchbewegungen, in denen es Hayek darum geht, sein Ideal von freiheitssicherndem »rule of law« oder »Rechtsstaat« über den deutschen Liberalismus des 19. Jahrhunderts, den amerikanischen Konstitutionalismus des 18. Jahrhunderts, die englische Whig-Tradition des 17. Jahrhunderts, mittelalterliche Vorstellungen von Rechtsfindung bis in die antike Staatsphilosophie zurückzuverfolgen.[97] Vor allem in den Werken von Edward Coke oder Matthew Hale sieht Hayek wie in der gesamten commonTradition die Auffassung dargelegt, dass Recht gefunden werden müsse und nicht beliebig gesetzt werden könne. Diese in England besonders lange konservierte und auch im Mittelalter vorherrschende Auffassung entdeckt Hayek auch im klassischen Altertum. Neben der Vorstellung vom Wachsen und Gefundenwerden des Rechts sieht er hier auch in der Vorstellung der Gleichheit vor dem Gesetz sein eigenes Verständnis von freiheitlichem Recht ausgesprochen. Es ist in diesem Sinne vor allem der Begriff der »Isonomia« als »Gleichheit des Gesetzes für Personen aller Art«, wie er bei Herodot in der berühmten Rede des Otanes, bei Thukydides und jedenfalls der Sache nach auch in der aristotelischen *Politik* auftaucht, an den Hayek anknüpft. Auch die Überlieferung der römischen Republik – das Zwölf-Tafel-Gesetz, Livius und Cicero – bietet ihm einige Anknüpfungspunkte. Noch im 18., ja im frühen 19. Jahrhundert findet Hayek Belege für eine mit seinen Vorstellungen übereinstimmende Rechtsauffassung: Von John Locke und der »Glorious Revolution« über David Hume, Edmund Burke und William Paley präsentiert er eine eindrucksvolle Kronzeugengalerie, die auch Protagonisten der amerikanischen Revolution wie John Adams und die historische Rechtsschule in Deutschland, angeführt von Friedrich Carl von Savigny, umfasst.

Aufschlussreich ist auch die Liste der Gegenkräfte, denen Hayek die Aushöhlung und Zurückdrängung dieses Rechtsstaatsideals zur Last legt. Eine besondere Verantwortung weist er der von Hobbes in klassischer Weise zum Ausdruck gebrachten Vorstellung von Souveränität zu. Sowohl den absolutistisch-monarchischen Souveränitätsvorstellungen als auch den konträren Vorstellungen von Parlamentssouveränität oder Volkssouveränität wirft Hayek einen entscheidenden Irrtum vor: die Gleichsetzung von Recht und Gesetz und damit verbunden die irrige Vorstellung, dass alles Recht auf einen ausdrücklichen Willen des Souveräns zurückgehen und dass das gefundene Recht mehr und mehr durch das gesetzte Recht ersetzt werden müsse. Auch aus dieser Warte sieht Hayek den von Jeremy Bentham verkörperten Utilitarismus des 18. und 19. Jahrhunderts auf der für ihn gegnerischen Seite ebenso wie die verschiedenen Ausprägungen des Positivismus, darunter vor allem den Rechtspositivismus seines Lehrers Hans Kelsen, nach dessen Lehre Recht nur aus bewussten Befehlen des menschlichen Willens besteht. Ein solcher Rechtspositivismus kann keine Sympathie für metarechtliche Prinzipien und kein Verständnis für Beschränkungen der Staatsgewalt haben, wie sie Hayek angelegen sind.

Aus diesen ideenhistorischen Perspektiven werden bereits einige Elemente der hayekschen Rechtstheorie erkennbar. Das Zusammenleben der Menschen ist nur möglich, wenn sich die Individuen nach bestimmten Regeln verhalten und ihr Verhalten für die anderen Individuen berechenbar ist. Diese Regeln werden zunächst unbewusste Gewohnheiten, also Regelmäßigkeiten im Verhalten, sein. Und erst allmählich werden sie artikuliert und immer allgemeiner und abstrakter gefasst. Dies bedeutet, dass sich Recht von empirisch regelmäßig bestätigten »Wenn-dann«-Aussagen zu normativen Geboten wandelt und dadurch die Verbindlichkeit der Verhaltensweisen und der Verhaltenserwartungen erhöht. Es schließt nahtlos an Hayeks Theorie des Geistes und der Wahrnehmung an, wenn er feststellt, dass diese abstrakten Regeln von den Individuen schon befolgt wurden, ehe diese sie ausformulieren konnten.

Solche allgemeinen und abstrakten Regeln, die jedermann befolgt und auf deren Einhaltung er seine Erwartungen an andere gründet, stellt Hayek einem Befehl gegenüber, der stets eine Person voraussetzt, die ihn aufgestellt hat. Einen bedeutsamen Unterschied zwischen Gesetz und Befehl sieht Hayek darin, dass ein idealtypischer Befehl eindeutig die vorzunehmende Handlung bestimmt und dem Befehlsempfänger keine Möglichkeit lässt, sein Wissen zu verwenden oder seinen Vorlieben zu folgen. Handlungen aufgrund Befehls dienen den Zwecken desjenigen, der einen Befehl gegeben hat, und nutzen nur dasjenige Wissen, über das der Befehlsgeber verfügt: »Gesetz in seiner Idealform könnte als ein Befehl ›ein-für-alle-Mal‹ bezeichnet werden, der an unbekannte Personen gerichtet ist und von allen besonderen Umständen von Ort und Zeit absieht und sich nur auf solche Bedingungen bezieht, die überall und jederzeit auftreten können.«[98] Ein idealtypisches Gesetz ist nur eine zusätzliche Information, die bei der Entscheidung des Handelnden in Betracht zu ziehen ist. Dieser kann weiterhin sein eigenes Wissen nutzen und seinem eigenen Willen folgen.

Gesetz und Befehl unterscheiden sich also in der Art der Verteilung der Ziele und Kenntnisse. In diesem Sinne macht sich Hayek die klassische Formel des »government of laws, and not of men« zu eigen, wie sie von Aristoteles über James Harrington bis zu John Adams zum unverzichtbaren Vokabular der republikanischen Tradition gehört: Eine Herrschaft der Gesetze – oder im hayekschen Sinne besser: des Rechts – setzt nicht den Willen eines Einzelnen durch, sondern bringt eine Ordnung hervor, in der die Individuen einer Gesellschaft ihr Wissen und ihre Ziele koordinieren und in der deshalb das Wissen aller und nicht nur das Wissen eines souveränen Befehlsgebers genutzt werden kann.[99]

Recht dient also in der hayekschen Theorie dazu, dem Einzelnen den wirksamen Gebrauch seines eigenen Wissens zu ermöglichen, und verkörpert zugleich das Wissen oder die Ergebnisse früherer Erfahrungen. Die einzelnen Regeln des Rechts sind durch einen Prozess der praktischen Erprobung entstanden, wobei die tatsächliche Funktion einer Regel keineswegs auf Anhieb einsichtig sein und von den Menschen verstanden werden muss.

Hayek legt großen Wert darauf, allgemeine und abstrakte Regeln als Gesetz im materiellen Sinne zu definieren und diese freiheitssichernden Regeln streng von denjenigen Vorschriften zu unterscheiden, die zwar möglicherweise Gesetz genannt werden und von einer gesetzgebenden Behörde erlassen worden sind, die aber im Grunde genommen spezielle Befehle sind und als solche Hauptinstrument der Unterdrückung sein können. Die Verwechslung von Gesetz im materiellen Sinne und von Gesetz im bloß formalen Sinne sieht Hayek als eine Hauptursache für den Verfall der Freiheit an. Herrschaft der Gesetze meint etwas anderes als bloße Gesetzlichkeit oder Konstitutionalismus, denn sie erfordert, dass alle Gesetze gewissen Prinzipien entsprechen, und stellt damit eine Begrenzung aller Staatsgewalt, auch der gesetzgebenden Gewalt, dar. In der Herrschaft der Gesetze sieht Hayek ein metagesetzliches Prinzip, das nicht zur Disposition des Gesetzgebers stehen darf. Um sich zu behaupten, muss die Herrschaft des Gesetzes daher ein gemeinsames Ideal sein und zur moralischen Tradition einer Gemeinschaft gehören, und als solches ist es latent durch die Konkurrenz anderer Ideale gefährdet.

Für den Evolutionstheoretiker liegen die Anfänge des Rechts im Dunkeln. Die Legitimitätsprüfung für Regeln erfolgt – jenseits der formalen Kriterien an das Recht – innerhalb eines gegebenen Rechtssystems. Zwar argumentiert Hayek, dass die

Rechtfertigung von Regeln in ihrer Nützlichkeit liegt, es wäre aber verfehlt, ihn deshalb in die utilitaristische Tradition zu stellen. Gegen ein Zweckmäßigkeitsdenken im Sinne des Utilitarismus, das allwissende Individuen voraussetzt, wendet sich Hayek vielmehr dezidiert und argumentiert analog zu seinem Freiheitsbegriff, dass die Regeln als Ganzes gerechtfertigt werden müssen, nicht aber ihre einzelne Anwendung. Die Idee, dass eine Regel nur dann bindend ist, wenn ihre wohltätige Wirkung im Einzelfall erkennbar ist, hat nach Hayek eine vernichtende Wirkung auf die Achtung von Gesetz und Moral. Konflikte um moralische Regeln lassen sich nach Hayek nicht so entscheiden, wie jemand entscheiden würde, der alle Folgen der Entscheidung erfassen könnte. Dieses Wissen vorauszusetzen hieße, die Notwendigkeit von Regeln überhaupt leugnen.

Den Wandel der Regeln deutet Hayek als Anpassung der Gesellschaft an Umstände oder Wesenszüge ihrer Mitglieder. Der offene Charakter einer solchen lernfähigen Gesellschaft kann vor allem dadurch gesichert werden, dass die Regeln immer weniger als positive Vorschriften über ein bestimmtes Verhalten und immer stärker als im Wesentlichen negative Einschränkung des Handelns angelegt sind. Statt Handlungsweisen im Einzelnen vorzugeben, beschränken sie sich auf den Ausschluss bestimmter Handlungsweisen.

Die Regeln des Rechts besitzen also meist negativen Charakter und schenken dem konkreten Einzelfall, den besonderen Umständen oder Adressaten keine Beachtung. Ihr allgemeiner Charakter unterscheidet sie von Privilegien oder Diskriminierungen, die mit Blick auf konkrete Einzelfälle formuliert sind. Der Autor echter Gesetze kann nicht vorhersehen, welchen Gebrauch die Individuen von ihnen machen. Ihre Wirkung entfalten sie durch die Erwartungen, die sie erzeugen, deshalb ist es umso wichtiger, dass sie ausnahmslos angewendet werden. Dieses Gleichheitsgebot macht es zudem unwahrscheinlicher, dass unterdrückende Gesetze angenommen werden.

Mit seinen Vorstellungen über den allgemein-abstrakten Charakter des freiheitssichernden Rechts knüpft Hayek deutlich an die Rechtstheorie Immanuel Kants an. Allerdings schließt Hayek nicht aus, dass auch allgemeine, abstrakte Regeln Freiheit beschränken können. Vorstellbar sei dies etwa bei religiösen Vorschriften, die allgemeine Geltung beanspruchen. Er hält diese Gefahr aber für recht gering und sieht in ihr ein deutlich kleineres Problem als in der Freiheitsbeschränkung durch nicht allgemeine Regeln.

Hayeks Rechtsbegriff wird formal und prozedural definiert. Neben der Allgemeinheit des Rechts hebt Hayek in Anknüpfung an den antiken »Isonomia«-Begriff als dessen Merkmale die Gleichheit vor dem Recht hervor, d.h., das Recht muss unterschiedslos auf alle Individuen angewendet werden. Darüber hinaus betont Hayek die Gewissheit des Rechts, also die verlässliche Geltung und Durchsetzung des Rechts, und seinen Verbotscharakter, d. h., bis auf wenige Ausnahmen wie beispielsweise die Steuer- oder die Wehrpflicht schließt das Recht bestimmte Verhaltensweisen negativ aus, macht aber keine Vorschriften über ein konkretes Verhalten. Die historische Erfahrung lehrt Hayek, dass freiheitliches Recht unter Beachtung dieser formalen Kriterien in den meisten fortgeschrittenen Rechtsordnungen einige inhaltliche Hauptzüge trägt, wie sie schon David Hume beschrieben hat: »Beständigkeit des Besitzes, seine Übertragung durch Übereinkunft und die Erfüllung von Versprechen«[100].

In seiner Trilogie *Law, Legislation and Liberty* vollzieht Hayek keinen wirklichen Bruch mit diesen rechtstheoretischen Vorstellungen aus *The Constitution of Liberty*, aber es ist doch insofern eine Akzentverschiebung zu beobachten, als Hayek zwischenzeitlich seine Ordnungs- und Evolutionstheorie ausformuliert hat und nun seine Rechtstheorie in diesen Kontext einbettet. Diese Bemühungen schlagen sich in der Anwendung neuer Begriffe nieder. Erkennbar stärker in den Mittelpunkt rückt auch das wissenstheoretische Argument zugunsten der Freiheit. Ausgangspunkt seiner rechtstheoretischen Ausführungen ist die bereits angeführte Definition von Freiheit als »Zustand, in dem jeder sein Wissen für seine Zwecke gebrauchen kann«[101], womit die Bezugnahme auf Zwang als Gegenbegriff vermieden wird und eine positive Definition erfolgt. Da der Wert der Freiheit in den Gelegenheiten besteht, die sie für unvorhergesehenes und unvorhersagbares Handeln eröffnet, ist nur selten zu erkennen, welche Möglichkeiten durch eine bestimmte Beschränkung der Freiheit verloren gehen. Eingriffe in die Freiheit mögen kurzfristige Folgen haben, die zu erkennen sind, aber – so argumentiert Hayek ähnlich wie Claude-Frédéric Bastiat – einige Folgen dieser Eingriffe werden nicht auf Anhieb zu erkennen sein und möglicherweise den Nutzen der kurzfristigen Wirkungen bei Weitem aufwiegen.

Vor dem Hintergrund der ordnungstheoretischen Konzeption gewinnt für Hayek der evolutionäre Charakter des Rechts an Bedeutung. Unter Verweis auf Befunde der Ethnologie und Kulturanthropologie lautet eine seiner knappen Formeln, dass Recht älter sei als Gesetzgebung.[102] Recht im Sinne durchgesetzter Verhaltensregeln sei so alt wie Gesellschaft selbst, denn erst die Befolgung gemeinsamer Regeln ermögliche das friedliche Zusammenleben. So arbeitet Hayek prononcierter als bislang den Gegensatz zu einem konstruktivistischen und positivistischen Rechtsverständnis heraus.

Bei der Betonung des evolutionären Charakters des Rechts sieht Hayek durchaus die Gefahr, dass die Rechtsentwicklung im Sinne des »common law« oder des Gewohnheitsrechts in Sackgassen geraten kann. Es gibt keine Gewähr dafür, dass Gewohnheitsrecht immer gutes Recht ist, und daher bleibt Gesetzgebung als Korrektiv unverzichtbar. Es kann sogar die Notwendigkeit bestehen, ganze Abschnitte des geltenden Gewohnheitsrechts zu revidieren oder innere Widersprüche zu beseitigen. Auch die Langsamkeit der evolutionären Rechtsentwicklung kann Gesetzgebung rechtfertigen. Manchmal ist es auch wünschenswert, dass eine neue Regel bekannt ist, bevor sie durchgesetzt wird, denn um Erwartungen zu prägen, muss sie praktiziert werden oder bekannt sein. Damit stellt sich für Hayek aber die Frage nach dem Gesetzgeber und den Grenzen seiner Kompetenzen. Historisch verweist er darauf, dass diejenigen Instanzen, die über Veränderung des Privatrechts entscheiden, älter als diejenigen Instanzen sind, die das Organisationsrecht des Staates, das öffentliche Recht, festlegten. Sie waren ursprünglich nicht mit der Schaffung von Regeln gerechten Verhaltens befasst, sondern mit der Kontrolle und Regelung der Regierungstätigkeit. Dies führt Hayek zu der grundlegenden Unterscheidung zweier Arten von Recht: »Nomos« als das Recht der Freiheit und »Thesis« als das Recht der Organisation.[103]

Unter »Nomos« versteht Hayek die Regeln gerechten Verhaltens, die aus den Bemühungen von Richtern um die Entscheidung von Streitfällen entstehen. Dem Richterrecht schreibt Hayek Eigenschaften zu, die Beschlüssen eines Gesetzgebers nicht zukommen. So wird der Richter typischerweise angerufen, um Störungen einer Ordnung zu beheben, die die Gesellschaft für ihr Zusammenleben voraussetzt. Die Einigkeit der Meinungen über das, was rechtens ist, muss der ausdrücklichen Zustimmung zu ausformulierten Regeln vorausgehen, nicht aber Einigkeit über bestimmte Ziele des Handelns. Die tatsächliche Befolgung von Regeln ist die Voraussetzung für die Herausbildung einer Handelnsordnung, die Art der Durchsetzung ist demgegenüber zweitrangig. Es sind die Gewohnheiten, die diejenigen Erwartungen entstehen lassen, welche das Handeln leiten. Dabei werden diejenigen Handlungen als verbindlich angesehen, mit denen jeder rechnet. Dieses Recht wird allmählich in Worte gefasst durch die Tätigkeit von Schiedsrichtern, die über keine Zwangsgewalt verfügen. Der Schiedsrichter urteilt darüber, ob die Handlungen der Beteiligten den Erwartungen entsprachen. Seine Rolle ist damit eine gänzlich andere als die Aufgabe eines Leiters einer Organisation, der bestimmte Ergebnisse herbeiführen will und zu diesem konkreten Zweck Anweisungen erteilt. Der Richter orientiert sich an berechtigten Erwartungen von Privatpersonen, aber nicht an den Wünschen irgendeiner Autorität. Die Regeln gerechten Verhaltens sind das Ergebnis spontanen Wachstums, aber es kann notwendig sein, neue Regeln durch den Richter aufstellen zu lassen und Lücken zu füllen. Die Ausformulierung von Regeln dient dazu, im konkreten Fall Zustimmung zu erwirken.

Die Regeln sollen das Entstehen einer Handelnsordnung erleichtern. Deshalb werden sich diejenigen Regeln ausbreiten und erfolgreich sein, die eine wirkungsvollere Handelnsordnung begünstigen. Um das Handeln anzuleiten, ist es für die Individuen nicht nötig zu wissen, dass bestimmte Regeln existieren, sondern es genügt ihnen zu wissen, wie sie den Regeln entsprechend zu handeln haben. Dieses »Wissen wie« entspricht dem impliziten Wissen des Gerechtigkeitssinns, Rechtsgefühls oder Sprachgefühls: Ohne die Regeln ausdrücklich benennen zu können, lässt sich beurteilen, ob ein Verhalten den Regeln des Rechts oder der Sprache entspricht.

Die Regeln des Rechts sollen helfen, die wechselseitige Abstimmung der Erwartungen zu erleichtern. Dabei sieht Hayek eine Wechselwirkung zwischen Rechtsregeln und Erwartungen. Wie er betont, ist es in diesem experimentellen Prozess unmöglich, alle Erwartungen zu schützen. Enttäuschungen sind unvermeidlich und sogar notwendig, und das Gesetz kann nur bestimmte Erwartungen vor Enttäuschungen schützen. Denn ein gewisses Maß an Stabilität und Vorhersehbarkeit des Gesamtergebnisses sämtlicher Tätigkeiten ist nach Hayek nur dann zu erreichen, wenn der Einzelne sich an das, was er in Erfahrung bringt, auf eine Weise, die für andere unvorhersehbar ist, anpassen kann. Der Wechsel von Geschäftspartnern kann in diesem Sinne eine Anpassung sein, die Erwartungen bei denjenigen enttäuscht, die von bislang bestehenden Geschäftsbeziehungen profitiert haben. Es sind gerade solche ständig auftretenden Veränderungen in den Einzelheiten, die eine abstrakte Gesamtordnung aufrecht erhalten. Wenn sich die Umstände ändern, wären sowohl eine Beibehaltung der bisherigen Verhaltensweisen als auch eine Anpassung durch Verhaltenskorrekturen unmöglich. Auch deshalb ist ein zentraler Plan, der nicht alle Veränderungen der Umstände berücksichtigen kann, zum Scheitern verurteilt.

Hayeks Rechtstheorie knüpft unmittelbar an seine Vorstellung von Mustervoraussagen in komplexen Ordnungen an, wenn er feststellt, dass die Gesamtordnung eine größere Regelmäßigkeit aufweist als die Einzelheiten. Denn bei Anpassung an äußere Veränderungen kann nur das System abstrakter Beziehungen konstant bleiben und als Basis von Vorhersagen dienen, nicht aber dessen einzelne Elemente. Zweck des Rechts ist das Hervorbringen einer solchen abstrakten Ordnung, nicht aber von spezifischen Wirkungen.

Zusammenfassend umschreibt Hayek »Nomos« wie folgt: »Es wird aus Regeln bestehen, die das Verhalten von Personen gegenüber anderen regeln, auf eine unbekannte Zahl künftiger Fälle anwendbar sind und Verbote enthalten, welche die Grenze des geschützten Bereichs jeder Person [...] abstecken.«[104] Solche Regeln sind zwar auf Dauer angelegt, aber revidierbar. Die Regeln erreichen die sichere Schaffung einer abstrakten Handelnsordnung nur durch ihre allgemeine Anwendbarkeit. Dagegen hat ihre Anwendung im Einzelfall keinen spezifischen Zweck, der vom Zweck ihres Regelsystems insgesamt verschieden wäre.

Während »Nomos« bei Hayek aus den Bedingungen einer nicht vom Menschen bewusst erfundenen, sondern einer spontanen Ordnung abgeleitet und gefunden wird, meint »Thesis« das Recht der Gesetzgebung und dient der überlegten Einrichtung einer Organisation mit spezifischen Zwecken. »Thesis« ist gesetztes, gemachtes Recht. Der Staat als Organisation verlangt andere Regelungen als die Regeln gerechten Verhaltens: Er benötigt Organisationsregeln, um bestimmte Ziele zu erreichen und positive Anordnungen oder Weisungen an Beamte geben zu können, denn seine Tätigkeit umfasst weit mehr als die Durchsetzung der Regeln gerechten Verhaltens. Hier kommt es auf die Festlegung einer Befehlshierarchie an, hier muss über Maßnahmen entschieden werden, die konkrete Ergebnisse herbeiführen sollen. Recht im Sinne von »Thesis« legt ein bestimmtes Verhalten fest, es kann vollzogen und ausgeführt werden. Hayek nennt verschiedene Teilgebiete des Organisationsrechts. Neben dem Finanz- und Verwaltungsrecht rechnet er auch das Verfassungsrecht hierunter, denn in diesem sieht er nicht die Quelle allen Rechts, sondern einen Überbau zur Sicherung des Rechts, der bereits bestehende Regeln schützen soll. Hierin klingt Hayeks Sympathie für die englische Verfassungstradition an, deren Dokumente seit der Magna Charta geltendes Recht festgehalten, aber nicht geschaffen haben.

Die Unterscheidung von universalen Regeln im Sinne von »Nomos« und von Organisationsregeln des Staates im Sinne von »Thesis« setzt Hayek überwiegend mit der Unterscheidung von Privatrecht und Öffentlichem Recht gleich, auch wenn er diese Unterscheidung zunehmend verwischt und infrage gestellt sieht durch das Vordringen sogenannter »sozialer« Zielvorstellungen. Die unterschiedlichen Rechtsverständnisse von »Nomos« und »Thesis« korrespondieren mit den beiden Ordnungsformen »Kosmos« und »Taxis« und knüpfen an eine ältere Gegenüberstellung an, die er bereits in den 1960er Jahren vorgenommen hat: »Nomokratie« und »Teleokratie«. Diese beiden Begriffe übernimmt Hayek von dem konservativen Geschichtsphilosophen Michael Oakeshott, um einerseits eine Rechtsordnung zu charakterisieren, die von allgemeinen Gesetzen gekennzeichnet ist und das Ideal der Gleichheit vor dem Recht in den Mittelpunkt rückt, und um andererseits von dieser eine Ordnung abzugrenzen, die auf die Verwirklichung konkreter Ziele und Zwecke ausgerichtet ist. Herrschen auf der einen Seite allgemeine Gesetze, ist es auf der anderen Seite der konkrete Zweck, der von einer zentralen Instanz vorgegeben ist.

9. Gerechtigkeit und »soziale Gerechtigkeit«

Wenn Hayek das Recht, auf dem die spontane Ordnung aufbaut, von Befehlen unterscheidet, deren sich zweckgerichtete Organisationen bedienen, drängt sich die Frage nach den Unterscheidungskriterien auf, nach denen Regeln der einen oder anderen Seite zugeordnet werden können. Welche Regeln sind gerecht im Sinne der freiheitssichernden »rule of law«, welche sind ungerecht? Die liberale Auffassung von Gerechtigkeit beruht nach Hayek auf der Überzeugung, dass es möglich sei, objektive Regeln richtigen Verhaltens unabhängig von Sonderinteressen zu entdecken. Um dies ausführlicher zu begründen, führt Hayek mehrere Gesichtspunkte von Gerechtigkeit an. Erstens lässt sich für ihn Gerechtigkeit als Kategorie nur sinnvoll auf menschliche Handlungen oder auf die Regeln, die sie leiten, beziehen. Sie fragt jedoch nicht danach, welche Ergebnisse dieses Verhalten für einzelne Menschen oder Gruppen hat. Es kann sich dabei um Handlungen eines Einzelnen, von mehreren oder auch von Organisationen handeln, nicht jedoch um die Gesellschaft als Ganzes in ihrem Charakter als spontane Ordnung. Der Einzelne kann nur diejenigen Folgen seines Handelns berücksichtigen, die er selbst vorhersehen kann, und nur insoweit kann sein Handeln als gerecht oder ungerecht bewertet werden. Auch der Staat kann eine Verpflichtung zu gerechtem Handeln haben, aber wie weit diese Verpflichtung reicht, hängt von seiner Macht ab, auf die Position der verschiedenen Einzelnen entsprechend einheitlicher Regeln Einfluss zu nehmen. Eine bloße Tatsache oder einen Sachverhalt, den niemand zu ändern vermag, könne man dagegen zwar als gut oder schlecht, nicht aber als gerecht oder ungerecht beurteilen. Auf Sachverhalte anwendbar ist die Kategorie Gerechtigkeit oder Ungerechtigkeit nach Hayek nur insoweit, als sich jemand dafür verantwortlich machen lässt, dass er einen Sachverhalt herbeigeführt oder zugelassen hat. Wenn beispielsweise ein konkretes Ergebnis von Einkommensverteilung nicht das beabsichtigte oder vorhergesehene Ergebnis des Handelns von irgendjemandem ist, so kann dieses Resultat nach Hayek nicht als gerecht oder ungerecht bezeichnet werden. Um eine Verteilung von materiellen Gütern als gerecht oder ungerecht bezeichnen zu können, müsste eine Ordnung gegeben sein, in der die Menschen auf eine einheitliche Zielhierarchie verpflichtet sind und gemäß einem eindeutigen Befehlsplan agieren. Die konkreten Resultate der spontanen Ordnung, die aus vielen Einzelhandlungen hervorgehen, sind jedoch unvorhersehbar und unbeabsichtigt. Die Verhaltensregeln für die Individuen können daher nur gewisse abstrakte Eigenschaften der resultierenden Ordnung festlegen, nicht aber ihre spezifischen, konkreten Inhalte.

Ein zweiter Punkt, den Hayek hervorhebt, ist der Umstand, dass die Regeln gerechten Verhaltens, auf denen die spontane Ordnung aufbaut, ihrem Wesen nach – bis auf sehr wenige Ausnahmen – Verbote sind. Sie sind negativ, weil sie bestimmte Arten des Handelns verbieten statt vorschreiben und eine Sphäre schützen, innerhalb deren jeder nach eigenem Gutdünken handeln kann. Sie müssen abstrakt in dem Sinne sein, dass sie auf eine unbekannte Zahl künftiger Fälle anzuwenden sind, und müssen einen Test auf Universalisierbarkeit bestehen.

Drittens nimmt Hayek eine Bestimmung dessen vor, was durch Regeln gerechten Verhaltens verhindert werden soll. Nicht alles, was einem anderen Schaden zufügt, kann als ungerecht bezeichnet werden und deshalb durch Regeln gerechten Verhaltens verboten werden. Ebenso kann durch Regeln gerechten Verhaltens keine Sicherheit über Einkünfte, Gewinne oder Vermögen gegeben werden. Die Entscheidung, von dem einen zu kaufen und von dem anderen nicht zu kaufen, kann beispielsweise jemandem, der von einer solchen Entscheidung betroffen ist, großen Schaden zufügen, sie ist aber wesentlicher Teil der Freiheit des Käufers. Nicht alle Interessen können also geschützt werden, sondern nur »berechtigte« Erwartungen, die durch Regeln definiert werden. Nach Hayek stecken die Regeln gerechten Verhaltens geschützte Sphären ab, indem sie es ermöglichen, aus feststellbaren Tatsachen abzuleiten, wem bestimmte Dinge gehören, nicht aber, indem sie unmittelbar bestimmte Dinge bestimmten Personen zuweisen. Umgekehrt besteht die Ungerechtigkeit, die verhindert werden soll, darin, dass jemand in die Sphäre eines Mitmenschen einbricht, die durch Regeln gerechten Verhaltens geschützt wird: Das ist im Kern die Garantie des Eigentums oder sind – in der klassischen Aufzählung John Lockes – »life, liberty, property«.

Schließlich geht Hayek auch auf die Frage der Weiterentwicklung der Regeln gerechten Verhaltens ein. Wenn ein Gesetzgeber diese Regeln verändern oder ergänzen will, müssen diese konsequent einem Test allgemeiner Anwendbarkeit unterworfen werden. Hayek sieht es gerade als große rechtshistorische Errungenschaft an, dass zweckgebundene, auf die Kleingruppe oder Organisation bezogene Regelungen allmählich auf den Grundsatz verpflichtet wurden, alle Individuen nach derselben Regeln zu behandeln. Dieser Grundsatz wurde zur »Leitvorstellung für die progressive Entwicklung zu einer Offenen Gesellschaft«[105] und muss, wenn deren spontane Ordnung bewahrt bleiben soll, auch für künftige Änderungen des Rechts als Beurteilungsmaßstab gelten. Regeln gerechten Verhaltens sind nach Hayek nicht vom Willen, von Interessen oder vom Drang nach spezifischen Ergebnissen bestimmt, sondern durch das ständige Bemühen, ein in sich widerspruchsfreies System von Regeln zu gestalten. Der Test, dem die Regeln evolutorisch unterworfen sind, zwingt zur Umformulierung von Regeln, so dass alle Bezüge auf Einzeltatsachen oder Wirkungen vermieden werden, die denjenigen, die die Regeln befolgen sollen, unbekannt sind. Den Test können nur solche Regeln bestehen, die unabhängig von konkreten Zielen und Ergebnissen formuliert sind und sich nur auf Tatsachen beziehen, die sich von denen, die sie befolgen sollen, leicht feststellen lassen.

Dieser Regeltest ist selbst negativ und wird die Regeln so verändern und ergänzen, dass die Widersprüche zwischen ihnen beseitigt werden. Die Gerechtigkeit einer einzigen Regel ergibt sich demnach aus dem Gesamtsystem der Regeln. Der Test auf Ungerechtigkeit kann somit die Richtung angeben, in welche ein Rechtssystem zu entwickeln ist, aber er bietet keine Grundlage für den völligen Neuaufbau eines Rechtssystems. So lässt sich zwar mithilfe eines solchen negativen Tests ein System von Regeln ändern, aber niemals eine positive Begründung für das Ganze leisten. Den negativen Charakter dieses Tests hebt Hayek nachdrücklich hervor und sieht darin nicht nur eine Aktualisierung der Moralphilosophie Kants, sondern auch eine Analogie zur Wissenschaftsphilosophie Karl Poppers. Bei dem Prozess der Prüfung von Regeln gerechten Verhaltens handelt es sich um Verbote, die über einen Test falsifiziert werden, und es kommt durch die beharrliche Kette von Falsifizierungsprüfungen zu einer Veränderung der Regeln, welche immer weniger ungerecht werden, ohne dass man Gerechtigkeit im positiven Sinne jemals bestimmen könnte. Hierin kommt eine Grundhaltung Hayeks zum Ausdruck: Er strebt nicht nach einem unerreichbaren, utopischen Perfektionismus, sondern plädiert für eine Ordnung des Zusammenlebens der Menschen, in der die unvermeidlichen Unzulänglichkeiten reduziert werden.[106]

Mit dieser liberalen Theorie der Gerechtigkeit bietet Hayek eine Neuformulierung dessen, was in der aristotelischen Tradition als »kommutative Gerechtigkeit« oder »Tauschgerechtigkeit« überliefert wird. Sie bildet den Gegensatz zu allen Variationen der »distributiven«, »austeilenden« oder »sozialen Gerechtigkeit«, deren Kritik sich Hayek mit großer Entschiedenheit widmet. Beide Arten von Gerechtigkeit stehen für unterschiedliche Ordnungsformen: Während die kommutative Gerechtigkeit im liberalen Sinne mit Rechtsstaat, Marktwirtschaft, spontaner Ordnung, Offener Gesellschaft und »Kosmos« korrespondiert, steht distributive Gerechtigkeit für Maßnahmenstaat, Planwirtschaft, befehlsmäßige Organisation, Geschlossene Gesellschaft und »Taxis«.

Die Geschichte der wirtschaftlichen Entwicklung sieht Hayek im Wesentlichen als Geschichte der Überwindung der staatlichen Versuche, alte moralische Impulse wie Solidarität oder Altruismus durchzusetzen. Die Geschichte des Aufstiegs des Sozialismus ist hingegen die Geschichte des Wiederauflebens primitiver Gefühle.[107] Der Sozialismus ist für Hayek ein Atavismus, dessen Verwirklichung die zivilisatorischen Erfolge der spontanen Ordnung infrage stellen muss. Das Denken in der Kategorie »soziale Gerechtigkeit« und den ganzen Sozialismus verwirft Hayek als »Anwendung von Gefühlen auf die moderne Großgesellschaft, die wir in Hunderten von Tausenden Jahren des Lebens in der kleinen Gruppe oder Horde entwickelt haben, weil sie zur Erhaltung der in solch kleinen Gruppen lebenden Menschen beigetragen haben, aber mit den Ordnungsprinzipien, die das friedliche Zusammenspiel von Hunderttausenden und Millionen von Menschen ermöglichen, unvereinbar sind«[108].

Besondere Sorge bereitet es Hayek, dass diese Wasserscheide der Denk- und Ordnungsformen durch eine »Sprachverwirrung im politischen Denken«[109] an vielen Stellen unkenntlich geworden ist. Hayeks Werk trägt daher durchaus einen konfuzianischen Zug, wenn er immer wieder um die Richtigstellung der Begriffe bemüht ist, damit der grundlegende Unterschied der Ordnungsvorstellungen wieder hervortritt. Mit Verve wendet er sich gegen solche Wörter, die geeignet sind, den Sinn von Begriffen vollends umzukehren oder beliebig werden zu lassen. Hayek spricht dabei in Anspielung an ein geschicktes Tier, das Eier ausschlürft, ohne dass man äußerliche Veränderungen bemerkt, von »Wieselwörtern«: Vor eigentlich präzise zu definierende Begriffe gesetzt, rauben sie diesen jeden Sinn. Neben dem Attribut »neu« gelten Hayeks Angriffe vor allem dem Terminus »sozial«. Ob »soziale Demokratie«, »sozialer Rechtsstaat«, »soziale Marktwirtschaft« oder eben »soziale Gerechtigkeit«: Durch Voranstellung dieses attraktiven Wörtchens verliert jeder Begriff seinen eigentlichen und ursprünglichen Sinn und kann sogar ins völlige Gegenteil verkehrt werden. Die im Grundgesetz festgeschriebene Verbindung von Rechtsstaat und Sozialstaat als »sozialer Rechtsstaat« ist in Hayeks Augen ebenso inhaltsleer und sinnlos wie – bei allem Respekt vor und aller Sympathie mit Ludwig Erhard – die Wortschöpfung »Soziale Marktwirtschaft« gefährlich.[110]

Den Grund für die nahezu unwiderstehliche Anziehungskraft des Attributs »sozial« sieht Hayek darin, dass mit ihm ohne nähere Begründung Sonderansprüche einzelner Gruppen auf einen größeren Anteil der guten Dinge des Lebens angemeldet werden können.[111] Vor allem in Verbindung mit dem Begriff Gerechtigkeit betrachtet er das Attribut »sozial« als eine der Hauptursachen für den allgemeinen Verfall des Verständnisses für die moralischen Gebote der Gerechtigkeit.

Hayek wirft all jenen, die die Forderung nach »sozialer Gerechtigkeit« im Munde führen, vor, einem falschen Rationalismus zu huldigen. Allen sozialistischen Positionen liegt in Hayeks Lesart letztlich die Idee zugrunde, dass die gesellschaftliche Ordnung von Grund auf konstruiert werden könne und dass nur solche Institutionen und Regeln bestehen dürften, deren Vernünftigkeit und Funktion ausdrücklich nachgewiesen werden können. Dieser »Konstruktivismus«[112] versteht nicht, dass die menschliche Zivilisation ohne Plan gewachsen ist und gerade deshalb zu weit größerer Komplexität gelangen konnte, als dies ein bewusster Gesellschaftsentwurf je vermocht hätte. Anzuerkennen, dass die Forderungen der Moral abstrakte, generelle Regeln sind, die niemand mit Blick auf konkrete Ziele erfunden hat, widerstrebt demjenigen zutiefst, der an die Machbarkeit der Kultur und die zweckmäßige Einrichtung gesellschaftlicher Institutionen glaubt. Wer »soziale Gerechtigkeit« fordert, versteht nach Hayek nicht, dass das Gesamtprodukt der Anstrengungen der Menschen nur deshalb so groß ist, weil die Menschen von der Verfolgung gemeinsamer Ziele abgerückt sind und sich der Disziplin abstrakter Regeln unterworfen haben. Gerade in dieser Haltung sieht er einen schwerwiegenden Fehler bei John Stuart Mill: In dessen Vorstellung, dass, wenn das Sozialprodukt erst einmal erwirtschaftet ist, man frei in dessen Verwendung sei, sieht Hayek den Keim aller sozialistischen Positionen.[113] Für Hayek steht demgegenüber außer Frage, dass Eingriffe in die Verteilung der materiellen Güter das Regelsystem der Marktwirtschaft erheblich beeinträchtigen und dass dadurch das Gesamtprodukt der Anstrengungen der Menschen zwangsläufig abnimmt. Die Verteilung des Sozialprodukts kann nicht ohne Rücksicht auf diejenigen Regeln erfolgen, nach denen die Erwirtschaftung des Sozialprodukts möglich ist.

Ein weiterer Vorwurf, den Hayek erhebt, ergibt sich aus dem von ihm definierten Anwendungsbereich für Gerechtigkeit. Er läuft darauf hinaus, dass die Anhänger von »sozialer Gerechtigkeit« den Gerechtigkeitsbegriff überdehnen, ihn also über das hinaus, worauf er sinnvollerweise anwendbar ist, beziehen wollen. Damit spricht Hayek in erster Linie an, dass Forderungen nach »sozialer Gerechtigkeit« die konkreten Ergebnisse des Handelns in der spontanen Ordnung in Zweifel ziehen und deren Gerechtigkeit bestreiten. Da die Gesamtergebnisse der spontanen Ordnung von niemandem geplant und angestrebt werden, geht die Forderung nach Gerechtigkeit der Ergebnisse ins Leere: »Es kann keine austeilende Gerechtigkeit geben, wo niemand etwas austeilt.«[114] Wo dennoch die Forderung nach »sozialer Gerechtigkeit« erhoben wird, steht im Hintergrund die Vorstellung, dass irgendjemand jedem seinen Anteil zuteilt. Wenn dies der Fall wäre, dann benötigte man einen Wirtschaftsdiktator, denn an ihn adressiert würde die Forderung nach Verteilungsgerechtigkeit nur Sinn machen. In der Marktwirtschaft sind aber die Einkommen nicht das Ergebnis einer bewussten und zentralen »Verteilung«, weshalb Hayek auch lieber von der »Streuung« der Einkommen spricht.[115]

Praktische Bedeutung gewinnt dies mit Blick auf die Prinzipien der Entlohnung: Für Hayek ist nur diejenige Entlohnung gerecht, die auf dem Wert beruht, den bestimmte Leistungen für andere haben, nicht jedoch eine Entlohnung, die sich auf die Bedürfnisse, Begehrlichkeiten oder den Aufwand desjenigen bezieht, der eine Leistung erbringt. Eine solche Entlohnung nach Verdienst hält Hayek in einer freien Gesellschaft für unerfüllbar. Auch unterscheidet er in diesem Zusammenhang scharf zwischen dem mit einer freien Gesellschaft vereinbaren Ideal der Rechtsgleichheit und dem mit ihr unverträglichen Ideal der materiellen Gleichheit.[116] Eine freie Gesellschaft geht von der Verschiedenheit der Individuen aus, und die Tätigkeiten dieser Individuen bringen notwendigerweise und erfreulicherweise Ungleichheit der Ergebnisse hervor. Der Nutzen der Freiheit liegt darin, dass sie ungleiche Ergebnisse erzeugt und damit den Menschen anzeigt, welche Tätigkeiten sich lohnen oder unrentabel sind: »Gleichheit der allgemeinen Gesetzes- und Verhaltensregeln ist [...] die einzige Art von Gleichheit, die der Freiheit förderlich ist, und die einzige Gleichheit, die wir ohne Zerstörung der Freiheit sichern können. [...] Aus der Tatsache, daß die Menschen sehr verschieden sind, folgt, daß gleiche Behandlung zu einer Ungleichheit in ihren tatsächlichen Positionen führen muß und daß der einzige Weg, sie in gleiche Positionen zu bringen, wäre, sie ungleich zu behandeln.«[117]

Hayek legt ein klares Bekenntnis zu der Pionier- und Avantgardefunktion von Eliten in einer freien Gesellschaft ab: So wie kulturelle Eliten als Vorbilder, an denen sich die übrigen Menschen orientieren können, wichtig sind, leisten wirtschaftliche Eliten durch die ihnen eigenen Arten von Kapitalverwendung und Risikoinvestitionen einen besonderen Beitrag zum Zustandekommen der wohlstandsfördernden Ergebnisse einer spontanen Ordnung. Hohe Einkommen sind für Hayek keine Ungerechtigkeit, sondern die notwendige Voraussetzung für die Dynamik der spontanen Ordnung und die Aussicht darauf, dass Wohlstand sich im Interesse aller ausbreiten kann. Die spontane Ordnung braucht neben den Hütern von Tradition auch unkonventionelle Minderheiten, die Wagemut und Innovationsgeist aufbringen und dafür belohnt werden: »Eine Welt, in der die Mehrheit alles verhindern könnte, was ihr nicht gefällt, würde eine stillstehende und wahrscheinlich bald absteigende Welt sein.«[118]

Nicht nur die Ergebnisse des Marktprozesses, sondern auch die Anfangschancen der Individuen können zum Gegenstand von Forderungen nach »Startgerechtigkeit« oder »Chancengleichheit« werden. Hayek hält solche Forderungen nur insoweit für mit einer Marktwirtschaft vereinbar, als es sich um Chancen und Gelegenheiten handelt, die notwendigerweise durch staatliche Entscheidungen beeinflusst werden, etwa den Zugang zu und die Vergabe von Ämtern. Hier »Chancengleichheit« zu fordern ist für

Hayek eine Forderung ganz in der Tradition des klassischen Liberalismus und als solche unproblematisch. Er befürwortet in diesem Zusammenhang auch, dass der Staat die Erziehung Minderjähriger finanziert, will allerdings die Organisation und Verwaltung dieser Mittel mithilfe eines Gutscheinsystems lieber in private Hände geben und unter Wettbewerbsbedingungen stellen, anstatt auf ein staatliches Bildungsmonopol zu vertrauen. Weitergehende Versuche, sogenannte »Chancengleichheit« herzustellen, müssten den Staat jedoch ermächtigen, die physische Umgebung eines Menschen vollständig zu kontrollieren, und die Forderungen der verschiedenen Zielgruppen müssten immer weitergetrieben werden, bis der Staat letztlich jeden Umstand kontrollieren muss, der den Wohlstand einer Person beeinflussen könnte. »Chancengleichheit« sei daher ein völlig illusorisches Ideal, das nur in einem Albtraum enden könne.[119]

Den Befürwortern von »sozialer Gerechtigkeit« wirft Hayek darüber hinaus vor, durch die Betonung des »Sozialen« das Gefühl individueller Verantwortung zu zerstören. Ein allumfassendes Verteilungssystem ist mit der moralischen Verantwortung des Einzelnen für seine eigenen Handlungen unvereinbar. Nur wenn der Einzelne die Folgen seiner Entscheidungen zu verantworten hat, wird er die Signale im katallaktischen Spiel deuten und sein Verhalten an diese Signale anpassen können. Die Marktwirtschaft kann nur funktionieren, wenn Preise nach dem Wert für den Empfänger der Leistungen und nicht nach Verdienst oder Bedarf des Leistenden bestimmt sind. Kein Mensch kann moralischen Anspruch auf einen bestimmten Marktwert seiner Leistungen haben, da dieser vom unpersönlichen Prozess des Marktes bestimmt wird: »Man kann Menschen nur dann nach ihrem eigenen Wissen und für ihre eigenen Zwecke handeln lassen, wenn die Entlohnung, die sie erzielen, teilweise von Umständen abhängt, die sie weder beeinflussen noch vorhersehen können.

Und wenn es ihnen gestattet sein soll, sich in ihrem Handeln von ihren eigenen Moralvorstellungen leiten zu lassen, so kann nicht gleichzeitig moralisch gefordert sein, daß die Gesamtwirkung ihrer einzelnen Handlungen auf die anderen Menschen irgendeinem Ideal austeilender Gerechtigkeit entsprechen soll.«[120]

Ohnedies muss eine »sozial gerechte« Verteilung der Einkommen scheitern, denn niemand weiß, wie die gerechte Verteilung aussehen sollte. Zudem könnte eine solche Wirtschaftsordnung nicht ohne totalitäre Beherrschung aller ökonomischen Tätigkeiten durchgesetzt werden. Die Regeln der »sozialen Gerechtigkeit« haben einen völlig anderen Charakter als die Regeln der Gerechtigkeit: Sie können nicht Verhaltensregeln gegenüber Gleichen sein, sondern müssen Verhaltensregeln von Herrschenden gegenüber Untergebenen sein und sind einer militärischen oder bürokratischen Organisation angemessener als einer Gesellschaft freier Menschen. Die Folge einer solchen Ordnungsentscheidung müsste neben Unfreiheit eine starke und progressiv zunehmende Verminderung der Produktivität sein – also Verarmung der Massen.

Den Totalitarismus des 20. Jahrhunderts versteht Hayek als Konsequenz einer rationalistischen Anmaßung, deren Attraktivität angesichts einer rasanten industriell-technologischen Entwicklung zugenommen hat. Ihre Prototypen sind radikale Aufklärer wie d'Alembert und Condorcet, positivistische Sozialingenieure wie Saint-Simon und Comte oder im 20. Jahrhundert die Vision des Wissenschaftler-Staatsmanns, wie sie der Behaviorist B.F. Skinner in seiner Utopie *Walden Two*[121] schildert. In solchen Denkern, mögen sie auch die besten Absichten haben, sieht er die geistigen Väter jener machtvollen Ideologien, denen der totalitäre Ehrgeiz zur allumfassenden Planung und Steuerung von Wirtschaft und Gesellschaft eigen ist. Diese Kritik ist in populärer Form Gegenstand von *The Road to Serfdom.*

Bei aller Schärfe, die Hayek gegen die Befürworter konstruktivistischer Planideen einsetzt, wird deutlich: Er bestreitet nicht, dass seine Gegner ehrenwerte, emotional verständliche Ziele verfolgen, aber er wirft ihnen vor, kein Verständnis für die Vorteile der spontanen Ordnung zu haben, die jenseits von Instinkt und Vernunft ohne Plan entstanden ist und weit mehr Ziele erreicht und Bedürfnisse befriedigt, als es eine geplante, auf konkrete Ergebnisse ausgerichtete Organisation je vermag. Die überlegene Verwertung des Wissens in einer freien Gesellschaft bleibt das Schlüsselargument nicht nur gegen Planwirtschaft und Sozialismus, sondern auch gegen alle zunächst milderen Bestrebungen nach »sozialer Gerechtigkeit«. Alle Versuche zu ihrer Umsetzung und zur Ersetzung der moralischen Regeln einer freien Gesellschaft durch »soziale« Zielvorstellungen müssen unweigerlich scheitern und im Ergebnis Armut und Unfreiheit hervorbringen, wie sie auch von denen, die »soziale Gerechtigkeit« fordern, nicht gewollt sein können. »Soziale Gerechtigkeit« ist daher nichts mehr als ein Trugbild, eine Fata Morgana, die nie erreicht werden wird – jedenfalls, wenn man nicht auf den zivilisatorischen Stand kleiner Stammesgesellschaften zurücksinken will.[122] Auch am Ende seines Lebens hat Hayek von seiner Kernthese aus *The Road to Serfdom* nichts zurückzunehmen: Sozialismus ist auch in seinen schleichenden Formen weder mit Wohlstand oder mit Gerechtigkeit noch mit Freiheit oder mit Demokratie vereinbar, sondern muss früher oder später sein wahres, sein totalitäres Gesicht zeigen.[123]

10. Demokratiekritik und Demokratiereform

Das Verhältnis von individueller Freiheit und Demokratie beschäftigt Hayek immer wieder. Seine Grundhaltung wird dabei stark von den demokratietheoretischen Positionen Alexis de Tocquevilles und John Stuart Mills geprägt. Zeitlebens schwankt er zwischen der Hoffnung, dass Demokratie ein Mittel zur Sicherung individueller Freiheit sein könne, und der Sorge, dass Demokratie in eine Willkürherrschaft der Mehrheit umschlagen könne, die die individuelle Freiheit in größere Bedrängnis bringen könne.

Als Zeitzeuge erlebt Hayek nach dem Ersten Weltkrieg das Entstehen und Scheitern vieler Demokratien in Europa hautnah mit. In den verfassungspolitischen Debatten seines Heimatlandes Österreich meldet er sich 1929 mit dem Vorschlag zu Wort, den Bundespräsidenten als »Posteritätskurator« mit einem Vetorecht gegen parlamentarische Gesetzgebung und exekutive Durchführungsbestimmungen auszustatten, von dem dieser Gebrauch machen solle, wenn ihm dies zur Wahrung der Interessen künftiger Generationen erforderlich zu sein scheint.[124]

Hinter diesem Vorschlag, der als früher Beitrag zur Generationengerechtigkeit der Demokratie verstanden werden konnte, steckt eine grundlegende Erkenntnis, die sich auch in allen späteren Stellungnahmen niederschlagen sollte: Um mit dem Gebot individueller Freiheit vereinbar zu sein, dürfe sich die Reichweite der Staatstätigkeit, also auch der Demokratie, nur so weit erstrecken, wie es gemeinsame Ziele der Menschen und Werthierarchien der Menschen gibt. Jede Staatsform, die über diese

Grenze hinaus Wirtschaft und Gesellschaft zu gestalten beansprucht, könne dies nur tun, indem sie eine Werteskala zwangsweise vorgebe und damit die individuelle Freiheit unterdrücke. Gemeinsames Handeln der Menschen sei möglich, wo es gemeinsame Ziele gebe, und diese Gemeinsamkeit lasse sich am ehesten herstellen, wenn die gemeinsamen Ziele kein Endzweck, sondern Mittel zur Erreichung individueller Zwecke seien.

Die Krise und das Scheitern nahezu aller europäischen Demokratien deutet Hayek in *The Road to Serfdom* im Kern als Überwältigung durch totalitäre Planungsansprüche, die mehr Übereinstimmung über letzte Ziele verlangten, als tatsächlich erreichbar sei. Er bestreitet, dass Demokratie und Sozialismus vereinbar seien, und stellt stattdessen fest, dass Planwirtschaft die Demokratie gefährde. Wenn Demokratien den Kurs der Planwirtschaft einschlügen, müssten sie daran scheitern, dass sie die notwendige Einigung über einen verbindlichen, detaillierten und umfassenden Plan wirtschaftlicher Lenkung nicht durch Mehrheitsentscheidungen herstellen könnten. Es könne zwar die Mehrheit der Bevölkerung die Existenz eines gemeinsamen Wirtschaftsplans befürworten. Welcher konkrete Plan mit welchen Detailbestimmungen dann aber verbindlich sein solle, könne weder durch plebiszitären noch durch parlamentarischen Beschluss gefasst werden. Den Niedergang der Weimarer Republik vor Augen, sieht Hayek den typischen Verlauf des »Wegs zur Knechtschaft« darin, dass Parlamente zunächst enorme Ansehensverluste erleiden und als »Schwatzbuden« verhöhnt werden, weil sie sich nicht auf einen kohärenten Wirtschaftsplan verständigen können, und dass infolgedessen Forderungen nach einer Herrschaft von Experten und Sachverständigen aufkommen. Ermächtigungsgesetze übertrügen dann umfassende Vollmachten an die Bürokratie, die schließlich unter Ausschaltung demokratischer Kontrolle Wertskalen vorgibt und in Ableitung von diesen ihre Planungsentscheidungen trifft. Die Ungeduld vieler Planwirtschaftler wie Sidney und Beatrice Webb, Otto Neurath oder Harold Laski mit den schwerfälligen und inkonsistenten Entscheidungen in der Demokratie greift Hayek auf, um klarzustellen, dass demokratische Mehrheiten nur dort sinnvoll entscheiden können, wo es eine überschaubare Zahl von Alternativen gibt. Ein umfassender Wirtschaftsplan müsse jedoch misslingen und zerfasern, wenn über dessen Einzelheiten demokratische Mehrheitsentscheidungen zugelassen würden. In dieser Unvereinbarkeit von Planwirtschaft und Demokratie sieht Hayek denn auch den Grund für den Ruf der Planwirtschaftler nach einem starken Wirtschaftsdiktator, der sich plebiszitär mit umfassenden Vollmachten ausstatten, aber seine Macht nicht mehr demokratisch kontrollieren lässt.[125]

Hayek zieht aus dem Verfall der Demokratien im frühen 20. Jahrhundert den Schluss, dass Demokratie sich als Staatsform überall bewährt habe, wenn und solange die Staatsaufgaben auf solche Entscheidungen begrenzt wurden, für die eine Übereinstimmung der Menschen als wahrscheinlich vorausgesetzt werden konnte. Nur in diesen Grenzen könne die Mehrheit eine wirksame Kontrolle der Regierung ausüben. Zugespitzt spricht Hayek davon, dass Demokratie nur im Rahmen des Kapitalismus, also unter den Bedingungen von Wettbewerb und Privateigentum, möglich sei. Anders als in der individuellen Freiheit sieht Hayek in der Demokratie keinen Selbstzweck, sondern lediglich ein nützliches Mittel zur Wahrung des inneren Friedens und der individuellen Freiheit. In diesem Sinne steht die Demokratie der Unterdrückung von Freiheit im Wege, wie sie eine bewusste Lenkung der Wirtschaft erfordert. Die Planwirtschaft muss jedoch unvermeidlich zu einer Diktatur mit bestenfalls demokratischen Scheininstitutionen geraten, weil sie den Menschen ihre Ideale aufzwingen muss. Hayek warnt in diesem Zusammenhang wie einst Tocqueville vor einem falschen Glauben an die Demokratie. Es sei eine Illusion anzunehmen, dass keine Willkürherrschaft möglich sei, solange der Wille der Majorität maßgeblich sei. Vielmehr müsse Demokratie zur Willkürherrschaft geraten, wenn sie nicht auf feste Normen, also die Beschränkung der Staatstätigkeit auf den Raum gemeinsamer Ziele, gestützt ist.

Mit *The Constitution of Liberty* verlagert sich Hayeks Aufmerksamkeit in Fragen der Demokratie. Ausgehend von der These, dass sich Demokratie selbst zerstöre, wenn sie die Reichweite der Staatstätigkeit im Glauben an planwirtschaftliche Lenkungsmethoden überdehnt, beginnt sich Hayek nun stärker für die institutionellen Bedingungen zu interessieren, unter denen Demokratie mit individueller Freiheit und Rechtsstaatlichkeit am besten vereinbar sei. Da er Demokratie nie als Selbstzweck, sondern nur als Mittel für andere Zwecke ansieht, zweifelt er an der Gewissheit dogmatischer Demokraten, die eine möglichst große Ausdehnung der Demokratie sowohl in Bezug auf ihre Staatstätigkeit als auch auf die Partizipation für wünschenswert ansehen.[126]

Solche Überlegungen erfolgen bei Hayek seit den 1950er Jahren unter dem Eindruck, dass sich in der westlichen Welt der demokratische Wohlfahrtsstaat durchsetzt. Hatte Hayek früher die Selbstgefährdung der Demokratie durch planwirtschaftliche Ambitionen herausgestellt, so geht er nun zu einer deutlicheren Demokratiekritik über, die die Zurückdrängung individueller Freiheit im demokratischen Wohlfahrtsstaat thematisiert. Unter dem Eindruck demokratischer Wohlfahrtsstaaten und von Forderungen nach umfassender »Demokratisierung« aller Lebensbereiche, wie sie im Zuge der 68er-Bewegung verbreitet wurden, zögerte Hayek nicht, totalitäre Tendenzen der Demokratie anzuprangern. Nicht mehr der Missbrauch der Demokratie, sondern das Ideal der Demokratie an sich wird Gegenstand von Hayeks Kritik.[127] Er bewegt sich im Strom der ökonomischen Theorie der Politik von Joseph Schumpeter über Anthony Downs zu Mancur Olson, wenn er das eigentliche Problem in der Tatsache sieht, dass Regierungen einer Vielzahl von Einzelinteressen verantwortlich sind und aus dieser Abhängigkeit ein Schacher um Stimmen und zielgruppenbezogene Staatsleistungen in Gang kommt. Demokratische Regierungen, so Hayek, tendieren wegen der Dynamik des politischen Wettbewerbs zu einer ständigen Erhöhung von Staatstätigkeit und Umverteilungsquote; sie streben nach Omnipotenz, werden aber nur umso schwächer, je mehr sie von der Vielzahl der Einzelinteressen abhängig werden. Das demokratische Ideal will Hayek im Sinne einer »begrenzten Demokratie« präzisieren, damit die Tätigkeit der Regierung, insbesondere die Möglichkeiten zur maßgeschneiderten Subventionierung von Interessengruppen, wirkungsvoll beschnitten werden kann.

Hayek bleibt aber nicht bei der wohlfeilen Kritik an der demokratischen Praxis stehen, sondern legt in den 1960er und 1970er Jahren – mit einigen allerdings unbedeutenden Variationen – auch konkrete Vorschläge zur Demokratiereform vor.[128] Dass er sich damit dem Vorwurf des Konstruktivismus aussetzt, den er anderen als »Anmaßung von Wissen« vorgehalten hat, ist ihm bewusst. Deshalb beruft er sich bei der Bestimmung des Gültigkeitsanspruchs seines Reformmodells auf David Hume. Dieser hatte der Tradition und Autorität etablierter Verfassungen großen Respekt entgegengebracht und hielt nichts davon, solche Verfassungen nach Maßgabe der Vernunft durch revolutionäre Neukonstruktionen zu ersetzen. Aber immerhin erachtete er in seinem Essay *Idea of a Perfect Commonwealth*[129], der sich kritisch mit der utopischen Tradition seit Morus auseinandersetzte, die Idee einer vollkommenen Republik insofern als nützlich, als sie Orientierung für vorsichtige Veränderungen und Neuerungen einer vorhandenen Verfassung geben könne.

Humes Haltung des respektvollen Bewahrens und behutsamen Verbesserns macht sich Hayek für sein Verfassungsmodell ausdrücklich zu eigen. Weder erwartet er, dass etablierte Verfassungsstaaten mit gewachsener Tradition dieses Modell sogleich übernehmen, noch gibt er sich Illusionen darüber hin, dass in postkolonialen Staaten ohne große Verfassungstradition die subtilen Voraussetzungen für Demokratie und Verfassungsstaatlichkeit ohne Weiteres gegeben seien.

Was sieht nun Hayeks Modell im Einzelnen vor? Im Mittelpunkt seines Vorschlags steht ein neues Verständnis von Gewaltenteilung, das die Aufgabe der Schaffung von Regeln gerechten Verhaltens deutlich von der Aufgabe der Ausrichtung bestimmter Staatstätigkeiten auf spezifische Ziele trennt. Dem üblichen Gewaltenteilungsmodell, das ausführende, gesetzgebende und rechtsprechende Gewalten unterscheidet, wirft Hayek vor, nur zu einer heillosen Vermischung dieser beiden Aufgaben geführt zu haben.

Konstitutiv für eine Gewaltenteilung im Sinne Hayeks ist die Formulierung der Grundklausel, dass Menschen nur gemäß anerkannter Regeln gerechten Verhaltens davon abgehalten werden dürfen zu tun, was sie wollen, oder gezwungen werden dürfen, bestimmte Dinge zu tun. Hayek greift seine erwähnte Unterscheidung von »Nomos« und »Thesis« auf, wenn er vorschlägt, dass die Regeln gerechten Verhaltens, die die persönliche Sphäre des Einzelnen definieren und schützen, nur durch eine sogenannte Gesetzgebende Versammlung, die keine anderen Funktionen hat, bewusst geändert werden dürfen. Eine solche Grundklausel würde nach Hayeks Auffassung insbesondere jede gesonderte Aufzählung besonderer geschützter Grundrechte überflüssig machen und einem notwendigerweise unvollständigen oder in sich widersprüchlichen Grundrechtskatalog überlegen sein. Mit seinem Gewaltenteilungsmodell versucht Hayek also, die Bestimmung der universalen Regeln gerechten Verhaltens funktional von allen Fragen der pluralistischen Interessenformulierung und -durchsetzung sowie der Regierungsbildung und -kontrolle zu trennen.

So sieht Hayeks Modell auf der einen Seite eine Regierungskontrollkammer vor, wie sie dem üblichen Verständnis des westlichen Parlamentarismus entspricht: Auf der Basis eines allgemeinen Wahlrechts und regelmäßig stattfindender Wahlen sollen hier Interessengruppen um die Bildung der Regierung konkurrieren und deren Kontrolle übernehmen. Hayeks Vorstellungen ähneln hier den älteren Überlegungen von John Stuart Mill sehr:[130] Wie dieser deutet er die Regierung als einen Exekutivausschuss des Parlaments und kann sich in Bezug auf das Wahlrecht den Ausschluss von öffentlichen Bediensteten und von Empfängern von Pensionen und anderen Fürsorgeleistungen vorstellen. Dass Beamte, Arbeitslose oder Pensionäre eine Stimme haben sollten, um darüber mitzuentscheiden, wie sie aus den Taschen der anderen Bürger zu bezahlen seien, und dass um ihre Stimmen mit Versprechen auf Erhöhung ihrer Bezüge geworben werden kann, hält Hayek für keine sinnvolle Regelung. Auch die Vorstellung, dass öffentliche Bedienstete über die Art der Befehle der »Regierenden Versammlung« mitentscheiden dürften, denen sie zu gehorchen haben, weist Hayek als hochproblematisch zurück.

Anders soll es sich bei der »Gesetzgebenden Versammlung« verhalten, die Hayek auch in Anlehnung an die athenische Verfassungspraxis als »Nomothetenversammlung« bezeichnet. Ihre Aufgabe besteht in der Festlegung der universalen Regeln gerechten Verhaltens, an die die Regierende Versammlung und als Teil von dieser die Regierung gebunden sind. Vom Privat- und Strafrecht bis hin zu den Grundsätzen des Steuer- und Wettbewerbsrechts sieht Hayek hier anspruchsvolle und wichtige Aufgaben angesiedelt. Das zentrale Problem sieht er darin, den Einfluss von Interessengruppen und Parteienwettbewerb bei der Wahl und Zusammensetzung der »Gesetzgebenden Versammlung« weitgehend auszuschalten und erfahrene, dem Gemeinwohl verpflichtete Männer und Frauen in dieses Gremium zu entsenden. Hierzu soll vor allem das Wahlverfahren beitragen: Sein Vorschlag zielt darauf, dass die Nomotheten nicht in regelmäßigen Abständen durch allgemeine Wahl bestimmt werden, sondern dass jeder Bürger einmal in seinem Leben im Alter von fünfundvierzig Jahren die Gelegenheit hat, aus seinem Jahrgang Nomotheten im Rahmen einer Persönlichkeitswahl mit einer fünfzehnjährigen Amtszeit zu wählen. Die »Gesetzgebende Versammlung« wäre somit ein Organ, das sich alljährlich um seinen fünfzehnten Teil erneuert und in dem nur Abgeordnete zwischen 45 und sechzig Jahren vertreten sind, deren unabhängiger Status demjenigen von Richtern ähnelt. Hayek erwartet, dass sich aufgrund dieses Wahlverfahrens schon früh »Jahrgangsklubs« herausbilden, in denen zur Vorbereitung auf den einmaligen Wahlakt die politische Sozialisation ihrer Mitglieder erfolgt und in denen sich die besonders geeigneten Kandidaten für das Amt des Nomotheten auszeichnen können, ohne dass es zu Überwucherungen durch Parteienwettbewerb und Interessengruppen kommt.

Da Hayeks Vorschlag mit einer klaren Unterscheidung der Regeln gerechten Verhaltens von Entscheidungen der Staatsführung steht und fällt, was in der Praxis auf einen Kompetenzstreit zwischen der gesetzgebenden und der regierenden Kammer hinauslaufen müsste, sieht er auch die Einrichtung eines Verfassungsgerichtshofs vor, dessen Aufgabe es wäre zu entscheiden, ob eine Regelung zulässig und, wenn ja, welche der beiden Kammern für sie zuständig sei. Eine unabhängige Justiz zu gewährleisten ist Gegenstand einiger Vorkehrungen, die Hayek für die Wahl und Besoldung von Richtern vorsieht.

Für den Fall, dass die langfristige Erhaltung der Ordnung gefährdet ist, denkt Hayek an besondere Notstandsbefugnisse. Wichtig ist ihm dabei, die Ausrufung des Notstands in andere Hände zu legen als die Ausübung der Notstandsbefugnisse selbst. Hayek denkt dabei an einen Notstandsausschuss der »Gesetzgebenden Versammlung«, der die notwendigen Befugnisse an die Regierung bis auf Widerruf übertragen könne. Besonderes Augenmerk richtet Hayek auf die Frage, wie sein Gewaltenteilungsmodell auf die Finanzordnung wirken müsse. Hier schwebt ihm vor, dass die »Gesetzgebende Versammlung« allgemeine Regeln der Besteuerung erlassen solle, während es der Regierenden Versammlung obliegen solle, die Ausgaben und konsequenterweise auch die Höhe der Steuerbelastung anhand der vorgegebenen allgemeinen Regeln zu bestimmen. Diese Regelung soll insbesondere dazu dienen, dass Regierende und Wähler den Zusammenhang von Staatsaufgaben und Steuerbelastung direkt zu spüren bekommen, die Flucht in Finanzillusionen vermieden und die Transparenz des Steuersystems erhöht wird.

11. Wirtschaftliche und politische Konsequenzen

Hayek verstand sich immer als Theoretiker, der wirtschaftspolitische Einzelfragen mit Blick auf Prinzipien und nicht in erster Linie pragmatisch und mit Blick auf praktische Erwägungen zu beantworten suchte.[131] Ein besonders frühes und zugleich schon sehr charakteristisches Beispiel für Hayeks wirtschaftspolitische Stellungnahmen ist seine im Jahre 1928 formulierte Kritik an der im »Roten Wien« jener Zeit verbreiteten Praxis der Preisbindungen im Wohnungswesen.[132] Hayek wendet sich mit ihr gegen willkürliche Abweichungen von den Marktpreisen bei Mieten, suggerierten diese doch ein höheres Angebot, als tatsächlich gegeben sei. Sie müssten zur Folge haben, dass die Produktivität im Wohnungsmarkt abnehme und dass keine dem Bedarf angemessene Bereitstellung von Wohnraum mehr erfolge. Einen solchen Einwand als »herzlos« zu bezeichnen hält Hayek für kurzsichtig. Nichts wäre unsozialer, als sich den unerwünschten Nebenwirkungen von Maßnahmen zu verschließen, die in ihrem unmittelbaren Zweck außerordentlich populär und erwünscht sind, in ihren weitgreifenden Wirkungen aber auch jenen, denen sie nützen sollen, mehr Schaden als Vorteil bringen können. An der Tatsache von ökonomischen Kausalzusammenhängen führt für ihn nun einmal kein Weg vorbei, und die Aufgabe des Ökonomen besteht nach seiner Auffassung darin, diese Kausalzusammenhänge aufzuzeigen und die Konsequenzen darzustellen, die aus ihrer Missachtung resultieren. In diesem Sinne hat der Wissenschaftler durchaus die Aufgabe, auf die politische Praxis einzuwirken, aber er darf sich nicht von deren Bedingungen korrumpieren lassen. Der Wissenschaftler im Sinne Hayeks muss vielmehr streng der Theorie verpflichtet sein und die Vernunft vertreten, auch wenn das theoretisch Bessere dem politischen Praktiker als utopisch erscheinen muss. Er muss die Konsequenzen politischer Maßnahmen aufzeigen, Alternativen formulieren und notfalls auch in Kauf nehmen, dass man seine Kassandra-Rufe nicht hören will.

Hayeks Stellungnahme zum Mieterschutzproblem illustriert seine generell tief pessimistische Haltung gegenüber jeder Form von Preisfestsetzung. Wird wie im Falle von Mieten ein Höchstpreis festgesetzt, so muss dies für Hayek unvermeidlich zunächst zu einem Ansteigen der Nachfrage und einer Abnahme des Angebots führen und schließlich in staatliche Rationierungen münden. Als ähnlich verheerend schätzt Hayek die Wirkung von Mindestpreisen, etwa bei Arbeitslöhnen, ein. Werden Mindestlöhne nur in einzelnen Erwerbszweigen festgelegt, so führe dies zu Betriebseinschränkungen und Entlassungen, so dass die Löhne in anderen Erwerbszweigen wegen der gestiegenen Arbeitsnachfrage sinken. Setzt man jedoch einen allgemeinen Mindestlohn fest, so sei allgemeine Arbeitslosigkeit die Folge.[133]

Zahlreiche anti-interventionistische Stellungnahmen, die sich an diese beiden frühen Beispiele anschlossen, dürfen nicht darüber hinwegtäuschen, dass Hayek stets Etatist blieb und notwendige und unverzichtbare Aufgaben des Staates anerkannte. Es ging ihm nicht darum, einen Ultraminimalstaat zu definieren, sondern gewissermaßen darum, die roten Linien aufzuzeigen, die von der Staatstätigkeit nicht überschritten werden sollten, damit sie mit seinem Ideal von Rechtsstaatlichkeit noch vereinbar wären. Innere und äußere Sicherheit zu gewährleisten oder für ein existenzsicherndes Mindesteinkommen zu sorgen konnte Hayek als Staatstätigkeiten ebenso gutheißen wie die Bereitstellung von Dienstleistungen etwa zur Alters- und Gesundheitsvorsorge oder gar die Durchsetzung eines Versicherungszwangs für Vorsorgerisiken. Dass Hayek nach dieser Maßgabe eine Fülle von Staatstätigkeiten mit seinem Ideal für wenn schon nicht in jedem Falle wünschenswert, so aber doch für vereinbar ansieht, davon zeugt insbesondere der dritte Teil von *The Constitution of Liberty*, wo er etliche Politikfelder durchmustert.[134]

In Bezug auf einen großen Themenkreis, die soziale Sicherheit, erkennt Hayek an, dass es in einer freien Gesellschaft gute Gründe für die Vorsorge vor allgemeinen Lebensrisiken wie Alter, Krankheit oder Arbeitslosigkeit gibt. Die Fürsorge für Bedürftige stuft er als Pflicht der Gemeinschaft ein, verbindet dies allerdings mit dem Recht des Staates, den Einzelnen zur privaten Vorsorge gegen diese Risiken zu zwingen, damit nicht der zur Fürsorge verpflichteten Gemeinschaft dadurch Belastungen entstehen, dass der Einzelne nicht im Rahmen seiner Möglichkeiten selbst Vorsorge trifft. Hayek weist die Vorstellung zurück, dass es in einer freien Gesellschaft ein Gerechtigkeitsprinzip geben könne, das ein Recht auf Unterstützung verleiht, die nicht abschreckend, nicht ermessensabhängig und nicht an den Nachweis der Bedürftigkeit gebunden ist.

Mit seinem Rechtsstaatsideal ist es für Hayek durchaus vereinbar, dass der Staat vorübergehend den Aufbau geeigneter Vorsorgeinstitutionen unterstützt. So sehr er eine Rechtfertigung für einen Versicherungszwang gutheißt, so wenig kann er dem Gedanken einer Zwangsversicherung abgewinnen. Hayek hat keine Bedenken dagegen, dass der Staat die Menschen zwingt, sich gegen elementare Lebensrisiken zu versichern, und sogar selbst Angebote für solche Versicherungsleistungen bereitstellt, wendet sich aber aufs Schärfste gegen Zwangsmitgliedschaften in vom Staat betriebenen Monopolversicherungen. Wie auch andere Monopole würden solche Zwangsversicherungen im Laufe der Zeit leistungsunfähig werden und die Herausbildung leistungsfähigerer Organisationen verhindern. Sie liefen überdies Gefahr, die Zuteilung von Leistungen nach Bedürftigkeit und nicht nach vertraglichem Anspruch vorzunehmen und darüber hinaus als Instrument der Einkommensumverteilung missbraucht zu werden.

Besondere Bedenken hat Hayek gegen generationenübergreifende Umlageverfahren, für deren Einführung sich im demokratischen Wohlfahrtsstaat zwar leicht Mehrheiten finden lassen, aus denen aber kaum noch ein Weg herausführt, sobald Finanzierungsprobleme auftreten und versucht wird, die Defizite über Steuerzuschüsse und Inflation aufzufangen. Die Finanzierungs- und Leistungsstrukturen in sozialen Sicherungssystemen, ob Alters-, Gesundheits- oder Arbeitslosenversicherungen, müssen Hayeks Auffassung zufolge nach individuellen Risiken kalkuliert und entsprechend differenziert werden und dürfen nicht mit Vorstellungen einer wie auch immer gearteten Einkommensverteilungspolitik vermengt werden.

Auch in einem weiteren Themenfeld, der Steuerpolitik, sieht Hayek eine große Gefahr darin, bestimmte Vorstellungen von Einkommensverteilung durch Mehrheitsentscheid durchzusetzen. Deshalb vertritt er das Prinzip einer proportionalen Besteuerung, bei der die Progression einzelner Steuertarife, etwa bei der Einkommensteuer, nur insoweit zulässig ist, wie sie die stärkere Belastung von kleineren Einkommen durch indirekte Steuern ausgleicht. Um allen Versuchungen eines verteilungspolitisch motivierten Abweichens von der allgemeinen Regel einer proportionalen Besteuerung vorzubeugen, schlägt Hayek folgende Regel vor: Die Mehrheit der Wähler, die über die Gesamthöhe der Besteuerung beschließt, muss selbst den Höchststeuersatz bezahlen. Diese Regel schließt die Möglichkeit ein, dass die Mehrheit bereit ist, der Minderheit Entlastung durch niedrigere Steuersätze zu gewähren, sie schließt aber aus, dass eine Mehrheit einer Minderheit überproportional hohe Steuern aufbürdet. Zur Festlegung des für die Mehrheit geltenden Höchststeuersatzes empfiehlt Hayek die Orientierung an der Staatsquote, also dem Anteil des Volkseinkommens, das der Staat beansprucht.

Der Katalog der Staatstätigkeit, den Hayek in *The Constitution of Liberty* ausbreitet, umfasst zwei weitere Themen, die der späte Hayek in den 1970er und 1980er Jahren in sehr engem Zusammenhang diskutiert: Beschäftigungspolitik einerseits und Währungspolitik andererseits. Leitmotiv von Hayeks wirtschaftspolitischen Stellungnahmen ist der Zusammenhang von Konjunktur, Arbeitslosigkeit und Inflation. Von den Jahren nach dem Ersten Weltkrieg und der Weltwirtschaftskrise bis in die Ära der wohlfahrtsstaatlichen Massenarbeitslosigkeit seit den 1970er Jahren bildet dieser Themenkomplex sogar den eigentlichen zeithistorischen Spannungsbogen für Hayeks Theorieentwicklung.

In der Weltwirtschaftskrise nach 1929 vertrat Hayek eine Position, die in größtmöglichem Gegensatz zu der von seinem großen Kontrahenten Keynes verbreiteten Deutung stand, die Arbeitslosigkeit sei durch eine Stärkung der Gesamtnachfrage zu beheben. Hayek betonte dagegen, dass die Wirtschaftskrise durch eine zu hohe Konsumnachfrage ausgelöst worden sei, die zu Stockungen im und zur Nichtausnutzung des Produktionsapparates geführt habe. Die Stärkung der Gesamtnachfrage sei deswegen sinnlos, weil es nun auf die Neujustierung der relativen Preise unabhängig von der allgemeinen Preisentwicklung ankomme. Hayek hielt eine Senkung der Gesamtnachfrage, also auch eine kurzfristig hochschnellende Arbeitslosigkeit, für unvermeidbar und für den vielleicht sogar einzigen Weg, wenigstens zum Teil die zur Fertigstellung des vergrößerten Produktionsapparats noch erforderlichen Mittel freizusetzen. Vor allem warnte Hayek vor längerem Zuwarten. Je länger der Prozess der Kapitalaufzehrung andauere, desto schmerzhafter sei die Senkung des Lebensstandards, die erforderlich sei, um sie zu stoppen.[135]

Eine neue Wendung nahm die Debatte in den 1940er Jahre unter dem vor allem von William Beveridge popularisierten Schlagwort der »Vollbeschäftigung«. Dem Ziel eines hohen Beschäftigungsstands sprach auch Hayek seine Berechtigung nicht ab, er hielt es jedoch für verhängnisvoll, das Ziel der Vollbeschäftigung über konjunkturelle Maßnahmen, insbesondere durch Ausgaben- und Beschäftigungsprogramme des Staates, anzustreben, ohne die strukturellen Ursachen von Arbeitslosigkeit zu bekämpfen. Der Versuch, Beschäftigung auf ihrem höchsten Stand durch konjunkturelle Interventionen zu sichern, werde das Wiedererwachen privater Investitionen verhindern und Beschäftigung immer weiter vom Staatssektor abhängig machen. Doch die auf Staatsausgaben beruhende Beschäftigung könne nur so lange andauern wie die Ausgaben selbst. Eine weitblickende Politik muss daher auf ein rechtzeitiges Abstoppen des Aufschwungs und auf eine Dämpfung der Konjunkturschwankungen setzen. Eine solche liberale Konjunktur- und Beschäftigungspolitik im Sinne Hayeks setzt nicht auf kurzfristige und konkrete Ergebnisse wie ihr wohlfahrtsstaatliches Pendant, sondern auf die Etablierung einer langfristigen und abstrakten Ordnung flexibler Anpassung der Produktions- und Beschäftigungsstrukturen.[136]

Hayek fand mit diesen Positionen in den 1940er Jahren wenig Resonanz und musste zur Kenntnis nehmen, dass die wirtschaftspolitischen Weichenstellungen für die folgenden Jahrzehnte in eine gänzlich andere Richtung vorgenommen wurden. Erst als in den 1970er Jahren in vielen westlichen Ländern Arbeitslosigkeit und Inflation um sich griffen, erinnerte man sich mancherorts an Hayeks Theorieangebot und forderte ihn zu Beiträgen in der wirtschaftspolitischen Debatte auf.[137]

Hayek wurde von da an in unzähligen Zeitungsartikeln nicht müde zu betonen, dass die Arbeitslosigkeit der 1970er Jahre im Unterschied zu derjenigen der frühen 1930er Jahre nicht deflations-, sondern inflationsbedingt sei. Der verbreiteten Vorstellung, dass man die Arbeitslosigkeit mit Inflation bekämpfen müsse, dass also in den Worten des damaligen Bundeskanzlers Helmut Schmidt fünf Prozent Inflation besser seien als fünf Prozent Arbeitslosigkeit, tritt Hayek entgegen, da er die dahinter stehende Annahme, die Arbeitslosigkeit sei Folge einer zu geringen Gesamtnachfrage, rundweg ablehnt.

Den kurzfristigen beschäftigungspolitischen Effekt von Inflation vergleicht Hayek mit den nur anfänglich angenehmen Wirkungen des Drogenkonsums. Unermüdlich weist er darauf hin, dass diese Beschäftigungseffekte nur bei Fortführung der inflationären Tendenzen aufrechterhalten blieben, dass aber Inflation langfristig zu einer erheblichen Störung der relativen Preise, zu Produktionsstörungen und damit im Ergebnis zu noch höherer Arbeitslosigkeit führen müsse. Wenn man das Abgleiten in eine umfassende Rationierung von Beschäftigung vermeiden will, bleibt nach Auffassung Hayeks nur eine konsequente Eindämmung der Inflation – auch um den Preis, dass dies die Arbeitslosigkeit kurzfristig erhöht, bevor durch eine Neuordnung der Produktionsstrukturen neue Beschäftigungsmöglichkeiten aufgebaut werden.

In seinem Verfassungsideal misst Hayek der Koalitionsfreiheit große Bedeutung bei und würdigt, dass Gewerkschaften gute Dienste bei der Lohnfindung, bei der Regelung von Arbeitsbedingungen oder als Organisationen zur Vorsorge gegen spezielle Risiken leisten könnten. Vehement kritisiert er jedoch Gewerkschaften, die sich über den Grundsatz der Koalitionsfreiheit hinwegsetzen, sich vom Staat durch Privilegierung von allgemeinen Rechtsgrundsätzen freistellen lassen und Zwang auf

Arbeitnehmer ausüben. Hayek stehen vor allem die amerikanischen und britischen Erfahrungen vor Augen, und er denkt bei dieser Kritik an Phänomene wie »closed shops«, Boykotte oder die Privilegierung bei Tarifverhandlungen. Aus vielen solchen Symptomen zieht Hayek den Schluss, dass der Staat in Bezug auf die Gewerkschaften auf eklatante Weise darin versagt hat, Zwang und Gewalttätigkeit im Namen von Gruppeninteressen zu verhindern, und dass zahlreiche Privilegien für nach Monopolmacht strebende Gewerkschaften der Legalisierung solcher Zwangsmaßnahmen dienen. Der Interessenlage von Gewerkschaftsmitgliedern, die unmittelbar von solchen Privilegien profitierten, stellt Hayek die Interessenlagen von Arbeitslosen oder nicht gewerkschaftlich organisierten Arbeitnehmern gegenüber. Lohnfestsetzungen liegen zwar im Interesse derjenigen, die höhere als die Marktlöhne erhalten, aber nicht im Interesse der Arbeitslosen, für die der Zugang zum Arbeitsmarkt dadurch erschwert wird.

Die Beseitigung der mit dem Rechtsstaatsideal unvereinbaren Privilegierung der Gewerkschaften ist für Hayek gerade in den 1970er Jahren eine notwendige Voraussetzung für die Bekämpfung von Inflation und Arbeitslosigkeit, weshalb er etwa Margaret Thatcher öffentlich zu besonderer Eile und Härte in dieser Frage drängt und ihr mehrfach gegen die sogenannten »wets«, die marktscheuen »Waschlappen« in den eigenen Reihen, publizistischen Flankenschutz gibt.

Über die Gewerkschaften, wie er sie vor allem in Großbritannien erlebt, urteilt Hayek auch deshalb stets so unerbittlich, weil er die deren Forderungen zugrunde liegenden ökonomischen Prämissen strikt verwirft. Entsprechend seiner ablehnenden Haltung gegenüber makroökonomischen Sichtweisen tritt Hayek stets der Auffassung entgegen, die allgemeine Steigerung des Geldlohnniveaus könne Beschäftigung sichern, Reallöhne steigern oder sei zumindest aus gerechtigkeitstheoretischen Gründen geboten. Was für andere Preisbeziehungen zutrifft, gilt nach Hayek auch für Fragen der Beschäftigung. Deren Umfang richtet sich nicht nach der Gesamthöhe der Löhne, sondern nach den Lohnrelationen der unterschiedlichen Produktionszweige. Auf Nivellierung oder auf allgemeine Hebung des Lohnniveaus abzielende Eingriffe in die Lohnrelationen müssten zu schwerwiegenden Folgen für die Beschäftigung führen. Das Heraufziehen des Geldlohnniveaus führe zu Gleichförmigkeit und Starrheit der Lohnrelationen und habe inflationäre Folgen. Reallohnzuwächse seien unter solchen Bedingungen einer gewerkschaftlich vorangetriebenen Lohnpolitik nicht zu erwarten. Die Bemühungen der Gewerkschaften nach Stärkung der Binnennachfrage durch den sprichwörtlichen »kräftigen Schluck aus der Lohnpulle« weist Hayek deshalb als völlig verfehlt zurück.[138]

In der Währungspolitik ist Hayek immer ein großer Anhänger der Stabilitätskultur der Goldwährungen und bedauert sehr, dass dieses System in den 1930er Jahren aufgegeben wurde.[139] Von dem währungspolitischen Regime von Bretton Woods, das unter der Ägide von Keynes ein System fester Wechselkurse festschrieb, hält Hayek nie allzu viel, und er erwartet dessen Zusammenbruch eher, als er letztlich zu Beginn der 1970er Jahre geschehen sollte.

Als nach dem Scheitern der Weltwährungsordnung von Bretton Woods vor allem in Europa eine breite Diskussion über die internationale Währungspolitik einsetzt, nimmt sich Hayek der Währungspolitik aufs Neue an und tritt mit einem radikalen Vorschlag hervor, durch den er frühere Auffassungen teilweise revidiert. Während die politische Debatte auf die Schaffung eines Europäischen Währungssystems mit nur einer geringen Schwankungsbreite der Wechselkurse und letztlich auf die Schaffung einer einheitlichen europäischen Währung hinausläuft, setzt Hayek einen Kontrapunkt und wirbt für die Entnationalisierung des Geldes.[140] Damit sich ein optimaler Währungsraum von selbst und nicht durch politische Entscheidung herausbilde, regt er die Schaffung von privaten, miteinander konkurrierenden Währungen an, deren Stabilität und Vertrauen sich über freie Wechselkurse bewähren müsse. Hayek verwendet bis in seine letzten aktiven Jahre einige Sorgfalt darauf, die Details dieses Vorschlags auszuarbeiten und den Faden weiterzuspinnen, sieht aber auch von Beginn an den politischen Realitäten ins Auge. Deshalb variiert er seinen kühnen Vorschlag dahingehend, dass es genüge, wenn die nationalen europäischen Währungen in allen Ländern wechselseitig als Zahlungsmittel anerkannt würden. Über diesen Wettbewerb der nationalen Währungen und über freie Wechselkurse würde der Druck auf die nationalen Regierungen wachsen, eine stabilitätsorientierte Währungspolitik zu verfolgen, und sich möglicherweise eine Handvoll stabiler Leitwährungen herausschälen. Trotz einiger Unterstützung durch die britische Regierung konnte sich diese Idee des Währungswettbewerbs gegenüber dem politischen Willen zugunsten einer einheitlichen europäischen Währung jedoch nicht durchsetzen.

Hayek unterscheidet seine Rolle als Theoretiker immer scharf von jener der Intellektuellen, die er gern als »second-hand dealers of ideas« charakterisiert, weil sie zwar auf vielerlei Weise Stellung zu politischen Fragen beziehen und großen Einfluss auf die Meinungsbildung nehmen, aber selbst keine originellen Ideen hervorbringen. Sich jenseits seines Fachgebiets politisch zu äußern ist Hayeks Sache nicht. Wo sich Hayek in politische Tageskämpfe hineinbegibt, argumentiert er vornehmlich als Gelehrter, der sich zu seinem Fachgebiet äußert, und nur selten als Intellektueller, der ohne besonderes Expertenwissen eine Rolle als Meinungsmacher beansprucht. Trotz gelegentlicher Versuchungen zielt sein publizistisches Engagement nicht so sehr auf kurzfristige Effekte in der breiten Öffentlichkeit, sondern eher auf langfristige Wirkungen beim akademischen Nachwuchs, auf die Fachöffentlichkeit und Entscheidungsträger. Die Rolle als Inspirator einflussreicher Schlüsselfiguren entspricht seinem Naturell und Habitus stets mehr als mediale Inszenierung und schlagkräftige Wissenschaftsorganisation und Politikberatung.[141]

Seiner unmittelbaren Wirkung auf die Tagespolitik sind damit enge Grenzen gesetzt, zumal sich Hayek mit Fragen der politischen Machbarkeit und Durchsetzbarkeit von Reformvorschlägen in kritischen Entscheidungssituationen nicht ernsthaft befasst. Sein politisches Renommee leidet allerdings auch darunter, dass er bei autoritären Regimes, die mit ihrem wirtschaftspolitischen Reformkurs eine marktwirtschaftliche Alternative zum Sozialismus bieten, bisweilen über offenkundige Demokratiedefizite und Menschenrechtsverletzungen hinwegsieht, wie sie etwa das Pinochet-Regime in Chile charakterisieren. Kritik an diesem Verhalten, das allenfalls aus der ideologischen Konfliktkonstellation der 1970er Jahre erklärt werden kann, lässt sich auch nicht durch den Umstand entkräften, dass in Fällen wie Taiwan, Südkorea oder schließlich auch Chile erst die Einführung der Marktwirtschaft durch ein autoritäres Regime der allmählichen Konsolidierung von Rechtsstaatlichkeit und Demokratie den Weg geebnet hat.

12. Einordnung, Diskussion und Würdigung

Einordnung

Friedrich August von Hayek war ein streitbarer, unopportunistischer und provokativer Denker, der in entscheidenden Fragen quer zum Zeitgeist des »kurzen 20. Jahrhunderts« zwischen 1914 und 1989 lag. Wenn Hayek zu den Klassikern der politischen, ökonomischen und philosophische Ideengeschichte gezählt wird, so weil er im doppelten Sinne ein anstößiger Denker war: Im intellektuellen Establishment der politischen Philosophie und der Wirtschafts- und Sozialwissenschaften eckte er durch seinen methodologischen Widerspruch an, und zugleich gingen und gehen von seinem Werk Impulse für Forschungsprogramme und politische Bewegungen aus, deren gemeinsamer Kern in der Wiederentdeckung der individuellen Freiheit zu sehen ist. Wer sich mit den ideologischen Frontlinien des 20. Jahrhunderts befasst und nach den Lehren fragt, die daraus für das 21. Jahrhunderts zu ziehen sind, kommt an der Auseinandersetzung mit Hayek nicht vorbei. Wenn man sehr vordergründig nach den Verortungen Hayeks im Spektrum der politischen Ideen fragt, so fallen diese je nach Standort des Beobachters unweigerlich verschieden aus: Mal wird Hayek pauschal der »Rechten« zugeordnet, anderen gilt er als »Konservativer«, und auch diejenigen, die ihn dem Liberalismus zuordnen, streiten um seine Charakterisierung als »altliberal«, »neoliberal«, »libertär« oder gar »paläoliberal«.

Dass Hayek nicht selten als »Konservativer« gilt oder pauschal der »Rechten« zugeordnet wird, hat prima vista mit den politischen Konstellationen zu tun, in denen seine Ideen aufgegriffen wurden. Sowohl in Großbritannien als auch in der Bundesrepublik standen die liberalen Parteien in den ideologiebeladenen 1970er Jahren den sozialdemokratischen und sozialistischen Parteien nahe. Repräsentanten dieser Ära des Sozialliberalismus hatten (was durchaus auf Gegenseitigkeit beruhte) zu Hayek immer ein gespanntes Verhältnis – so etwa Ralf Dahrendorf, der sich zwar einerseits schon früh Hayeks Begriff der »Verfassung der Freiheit« zu eigen machte, ihm andererseits aber auch »fundamentalistische Züge« zuschrieb.[142] Sowohl in der Bundesrepublik als auch in den USA und Großbritannien waren es damals in der Tat konservative Parteien und Politiker, die Hayeks Ideen in bestimmten Momenten aufgriffen. Freilich gibt es auch bemerkenswerte Ausnahmen: In Neuseeland beispielsweise war es die Arbeiterpartei, die in den 1980er Jahren hayekianisch inspirierte Reformen verantwortete.

Für die Wirkung Hayeks in den USA ist zudem zu beachten, dass dort die Begriffe Konservatismus und Liberalismus anders besetzt sind, da sich Konservative, ausgehend von der klassisch liberalen Verfassungstradition, dort in aller Regel auch als entschiedene Befürworter von Rechtsstaat und Marktwirtschaft verstehen, während »Liberale« eher einen Sozialdemokratismus europäischen Zuschnitts vertreten. Deshalb erfolgte die Rezeption Hayeks in erster Linie im konservativen Milieu, auch wenn sein Werk kaum etwas zu den prägenden zivilreligiösen und republikanischen Diskursen der amerikanischen Konservativen beisteuern konnte.

Den Umstand, dass seine Ideen vor allem von selbsterklärten Konservativen aufgegriffen wurden, sah Hayek mit durchaus gemischten Gefühlen. Vor allem gegenüber der amerikanischen

Szene war er deshalb um Abgrenzung und Klarstellung seiner Position bemüht. Im Schlusskapitel »Why I am not a Conservative« von *The Constitution of Liberty* warf Hayek dem Konservatismus insbesondere vor, keine Alternative zu derjenigen Richtung zu bieten, die gerade vorherrsche. Zwar möge er als politische Maxime bisweilen nützlich sein, aber er habe keine leitenden Grundsätze zu bieten, die langfristige Entwicklungen beeinflussen könnten. Der Liberalismus dagegen trete den Vorurteilen der Zeit entgegen und vertrete nicht nur eine mildere Version derselben. Es komme ihm nicht auf die Geschwindigkeit, sondern auf die Richtung der Bewegung an.[143]

Zu dieser Kritik Hayeks am Konservatismus, der ohnedies kein völlig ungetrübtes Verhältnis zur Marktwirtschaft hat, passt, dass ein bekennender Konservativer wie der britische Geschichtsphilosoph Michael Oakeshott Hayek und seinem Buch *The Road to Serfdom* gerade seinen doktrinären Charakter zum Vorwurf machte. In Hayeks »plan to resist all planning« sah Oakeshott den Geist des Dogmatismus und Rationalismus, von dem auch die Ideologien geprägt sind, gegen die Hayek argumentiert.[144] Aus Oakeshotts Sicht bietet Hayek keine Gegenhaltung zum doktrinären Denken an sich, sondern eine Gegendoktrin, die sich von dem antidoktrinären Habitus und Selbstverständnis eines urwüchsigen Konservativen abhebt. Trotz solcher wechselseitigen Abgrenzungsversuche bleibt jedoch eine große Schnittmenge zwischen Hayek und einem im Sinne Oakeshotts verstandenen Konservatismus: Die Bedeutung von moralischen Traditionen, gemeinsamen Werten und Regeln, implizitem Wissen und praktischer Erfahrung wird von beiden in bemerkenswert ähnlicher Weise einem rationalistischen, konstruktivistischen und emanzipatorischen Politikbegriff gegenübergestellt.

So wie es im Konservatismus ein breites Spektrum von Positionen zu Privateigentum und Staatstätigkeit, Marktwirtschaft und Wohlfahrtsstaat, Tradition und Fortschritt, Nationalismus und Internationalismus gibt, angesichts deren eine Zuordnung Hayeks leicht problematisch und irreführend wird, verlangen auch die zahlreichen Spielarten des Liberalismus nach näheren Bestimmungen. Die verbreitete, auch beispielsweise von Michel Foucault in seinen Vorlesungen über »Gouvernementalität«[145] zugrunde gelegte Unterscheidung von Ordoliberalismus und Neoliberalismus, hat einiges für sich, bedarf aber der Differenzierung, wenn sie sinnvoll auf Hayek bezogen werden soll. Angesichts der eigenständigen Begründung und Konzeption von Hayeks Liberalismus könnte man ihn im Sinne von Foucault als eine dritte Variante »liberaler Gouvernementalität« deuten.

Dabei sorgt der Kampfbegriff »Neoliberalismus« für Irritationen. In den späten 1930er Jahren im Umfeld des Lippmann-Colloquiums aufgekommen, an dem auch Hayek teilnahm, wurde er in der Folgezeit zu einer Selbstbeschreibung derer, die Korrekturen am Liberalismus und Kapitalismus des 19. Jahrhunderts vornehmen wollten. In diesem Sinne verstanden sich Männer wie Ludwig Erhard, Wilhelm Röpke oder Alexander Rüstow als »Neoliberale« und war die »Soziale Marktwirtschaft« das neoliberale Projekt schlechthin. Wer also heutzutage in der deutschen Diskussion als Verteidiger der »Sozialen Marktwirtschaft« auftritt und sie vor den »Neoliberalen« retten will, offenbart damit ein ausgeprägtes Unverständnis der ideenhistorischen Ursprünge dieses Ordnungskonzepts.

Hayek selbst hat an der Zuordnung zum Neoliberalismus nie rechten Geschmack gefunden. Er teilte nicht die seinerzeit von den politischen Gegnern verbreitete und in die Schulbücher eingegangene Kritik am Liberalismus des 19. Jahrhunderts und betonte, dass insbesondere die Freihandelsbewegung des sogenannten Manchester-Liberalismus in den 1830er und 1840er Jahren im Interesse der hungernden Massen lag.[146] Er verstand sich daher immer als Nachfahre des klassischen Liberalismus, wie er bis in die Mitte des 19. Jahrhunderts hinein wirksam war.

Der Sache nach empfand Hayek die ordnungspolitische Weichenstellung der »Sozialen Marktwirtschaft« als international herausragendes Beispiel für die »Wiederentdeckung der Freiheit« nach 1945 und ließ an seiner Sympathie für Ludwig Erhard und den von ihm sehr geschätzten Walter Eucken keinerlei Zweifel.[147] Er warnte aber – mit großer Berechtigung, wie sich längst herausgestellt hat – von Beginn an davor, dass sich der Begriff »Soziale Marktwirtschaft« als gefährliches Einfallstor für antimarktwirtschaftliches Denken aller Art entpuppen könnte. Umso wichtiger war es ihm, von einer späten Begegnung mit Ludwig Erhard zu berichten, bei der dieser zum ihm gesagt haben soll, dass die Marktwirtschaft an sich bereits »sozial« sei und nicht erst »sozial« gemacht werden müsse.[148]

Ohnehin war die »Soziale Marktwirtschaft« nie ein homogenes Konzept, sondern speiste sich aus mehreren Quellen. Der weiten Auslegung des sozialen Anspruchs, wie ihn Alfred Müller-Armack mit dem Begriff der »Sozialen Marktwirtschaft« zum Ausdruck brachte, stand Hayek zweifelsohne skeptisch gegenüber.[149] Noch deutlicher ist die Kluft zu dem Wirtschaftshumanismus von Alexander Rüstow, der ausdrücklich das Versagen des Liberalismus betonte und Hayeks Vorstellungen nicht als »Neoliberalismus«, sondern als »Paläoliberalismus« kritisierte.[150] Komplizierter ist das Verhältnis zum Wirtschaftshumanismus, wie ihn Wilhelm Röpke vertrat. Trotz unterschiedlichen Temperaments standen beide über viele Jahrzehnte hinweg in engem Kontakt, auch wenn sie sich nach dem Zweiten Weltkrieg allmählich entfremdeten. Während Hayeks großes Thema das moralische Fundament der spontanen Ordnung war, betonte Röpke in seinem Spätwerk, dass es moralische Voraussetzungen »jenseits von Angebot und Nachfrage« gebe, die der Markt nicht aus sich selbst heraus hervorbringe und die er sogar gefährden könne. Zwar fehlen solche Hinweise auch in Hayeks Werk nicht völlig, aber an Röpkes Argumentation, dass die Marktwirtschaft nur eine notwendige, aber keine hinreichende Bedingung einer humanen Gesellschaft sei und ihr Charakter von soziologischen und politischen Rahmenbedingungen abhänge, fand er nie rechten Geschmack.

Zum Ordoliberalismus im engeren Sinne, wie ihn die Freiburger Schule um Walter Eucken und Franz Böhm verkörperte, dürfte der Hauptunterschied darin zu sehen sein, dass die Ordoliberalen das Machtproblem in den Mittelpunkt rückten, während Hayek das Wissensproblem betonte: Eucken und seinen Mitstreitern ging es um die Begrenzung wirtschaftlicher Macht durch eine durchsetzungsstarke Ordnungs- und Wettbewerbspolitik. Dass es Regeln für den Wettbewerb geben müsse, bestritt auch Hayek nicht, aber er zweifelte stärker daran, dass der Staat über das notwendige Wissen verfüge, wie und mit welchem Ergebnis eine solche Ordnungspolitik zu betreiben sei. Deshalb versuchte er, sich mit seiner Theorie kultureller Evolution dem Problem zuzuwenden, dass der Staat nicht ohne Weiteres diese Ordnungsregeln autoritativ setzen könne, sondern dass deren Inhalt selbst sich wettbewerblich und evolutorisch herausbilden müsse. Seinen deutlichsten Niederschlag fanden diese Differenzen im Umgang mit Monopolen und Kartellen. Eucken und sein Umfeld gingen davon aus, dass es dort, wo der Wettbewerb unvollkommen ist, geboten sein könne, Bedingungen zu schaffen, »als ob« Wettbewerb bestünde, und plädierten deshalb für eine wachsame Kontrolle von Kartellen und Monopolen.[151] Hayek hingegen bezweifelte aus prinzipiellen Gründen, dass vollkommener Wettbewerb überhaupt möglich sei und sich das Wissen über dessen Ausgestaltung im Sinne einer »als-ob«-Überlegung antizipieren lasse. Gegenüber dem Monopolproblem zeigte er mehr Gelassenheit: Monopole seien zwar bisweilen unerfreulich, aber auch unvermeidbar, wenn man die Eigentumsgarantie ernst nehme. Gegen ein Monopol, das auf besonderen Fertigkeiten eines Anbieters beruht, sah Hayek aus rechtstheoretischen Gründen keine Handhabe. Als missbräuchlich schätzte er Monopole ein, deren Inhaber Preisdiskriminierungen vornehmen mit dem Ziel, potenzielle Konkurrenten fernzuhalten. Für solche Fälle setzte Hayek auf die Selbstkontrollkräfte der Marktteilnehmer und plädierte für Lösungen über den Weg, potenziellen Konkurrenten, die unter monopolstützenden Preisdiskriminierungen leiden, spürbare Schadensersatzansprüche zuzubilligen. Eine solche aus Rechtsstaatlichkeit und Eigentumsgarantie abgeleitete Regelung betrachtete er als wirkungsvoller als eine Behörde, die über das Verbot von Monopolen und Kartellen zu entscheiden hat und dabei auch leicht in die Gefahr geraten kann, Monopole zu schützen. Dahinter stand die Grundhaltung, dass liberale Ordnungspolitik eine Strategie des indirekten Ansatzes verfolgen, also Rahmenbedingungen so beeinflussen solle, dass nicht ein staatlicher Eingriff, sondern die Akteure selbst auf ein wettbewerbssicherndes Verhalten hinwirken.[152]

Trotz solcher Differenzen sollten die Gemeinsamkeiten mit dem Ordoliberalismus nicht übersehen und heruntergespielt werden: So weist etwa Hayeks Theorie über »Rechtsordnung und Handelnsordnung« große Schnittmengen zu Franz Böhms Konzept der »Privatrechtsgesellschaft«[153] auf, und insgesamt scheint es doch möglich und sinnvoll, den euckenschen Ordoliberalismus mit Hayeks evolutorischem Liberalismus forschungsprogrammatisch und politisch zu verknüpfen, wie dies etwa Viktor Vanberg betont.[154]

Richtet man den Blick auf Autoren, die üblicherweise dem »Neoliberalismus« zugerechnet werden, ergibt sich auch hier in Bezug auf Hayek ein vielschichtiges Bild. Zunächst einmal gehörte Hayek, obwohl er zwölf Jahre in Chicago lehrte, nie im engeren Sinne der dortigen ökonomischen Fakultät an, die das Image des »Neoliberalismus« weltweit prägte. Auf die geradezu berüchtigte Beratungspolitik der »Chicago Boys« seit den 1960er Jahren hatte Hayek keinen nennenswerten Einfluss. In vielen Fällen, in denen die neoliberalen Reformversuche des IWF und anderer Institutionen hinter den Erwartungen zurückblieben oder gar scheiterten, ließe sich sogar argumentieren, dass es ihnen an einer hayekianischen Perspektive mangelte – in dem Sinne nämlich, dass bei der Implementierung neuer Politiken und Institutionen zu wenig bedacht wurde, wie sehr funktionsfähige marktwirtschaftliche Institutionen der Anerkennung von Regeln bedürfen, deren Akzeptanz, Verständnis und Gebrauch sich allmählich herausbilden muss und nicht ohne Weiteres vorausgesetzt werden kann. Von einer so prominenten Figur wie Milton Friedman unterscheidet Hayek methodologisch jedenfalls sehr viel: Hayeks mikroökonomische Perspektive und methodologischer Individualismus waren argumentativ auch gegen Friedmans makroökonomisch begründeten Monetarismus gerichtet.

Aufschlussreich ist das Verhältnis Hayeks zu dem Werk von James Buchanan. Sein evolutionstheoretischer Ansatz richtet sich ja im Grundsätzlichen gegen die Vorstellung aller Vertragstheorien, wonach sich aus der Rekonstruktion eines Naturzustands und der Bestimmung von Inhalten eines Gesellschafts- und/oder Herrschaftsvertrags Institutionen und Zwecke eines Staates ausdrücklich bestimmen lassen. Wie Ferguson oder Hume bietet Hayek also eine Alternative gegen das vertragstheoretische Modell in all seinen Varianten. Im Falle von Hobbes oder Rousseau liegt es auf der Hand, dass diese konträren Ausgangspunkte zu völlig anderen Ordnungsentscheidungen führen, als dies Hayek vorschwebt. Bei liberalen Vertragstheoretikern wie Locke, Kant oder

Buchanan führt das kontraktualistische Argument jedoch zu verfassungspolitischen Ergebnissen, die nicht allzu weit von Hayek entfernt liegen. Buchanan hat denn auch den Versuch unternommen, sein vertragstheoretisches Argument mit dem evolutionstheoretischen Argument Hayeks zusammenzubringen und die Ergebnisse der kulturellen Evolution als einen Möglichkeitsraum beschrieben, innerhalb dessen rationales Design von Institutionen möglich sei.[155] Es spricht in der Tat vieles dafür, dass man Hayeks Theorie spontaner Ordnung und kultureller Evolution in diesem Sinne um eine ganze Reihe von verfassungsökonomischen Überlegungen zu Steuersystemen und anderen praxisrelevanten Problemen ergänzen und konkretisieren kann. Vertragstheoretische Konstruktionen könnten in diesem Sinne dazu beitragen, zumindest die benennbaren Zwischen- und Teilergebnisse der Evolution kultureller Institutionen zu sichern, ohne die evolutorische Offenheit von Gesellschaften zu beschränken.

Zur Verortung Hayeks im liberalen Spektrum darf ein Hinweis auf die Kritik, die er durch Repräsentanten des Anarcho-Liberalismus oder Kapitalanarchismus erfuhr, nicht fehlen. Für Autoren wie Murray N. Rothbard ist bezeichnend, dass sie ihren eigenen Standort aus einer radikalliberalen Kritik an Hayek heraus bestimmen. Typischerweise setzt ihre Kritik an derselben Stelle an wie diejenige von sozialistischen Autoren – allerdings unter umgekehrten Vorzeichen: Hayeks Definition von Freiheit und Zwang findet Rothbard etwa unbefriedigend, weil er Zwang zu weit und zu widersprüchlich definiere und damit den Begriff der Freiheit einenge. Während Hayek eher vorsichtig auslotet, wann beispielsweise in Monopolsituationen von Zwang gesprochen werden kann, will Rothbard Freiheit konsequent auf die Verfügung von Eigentumsrechten beziehen und Zwang auf die Anwendung physischer Gewalt reduzieren. Das resultiert im Gegensatz zu dem Etatisten Hayek in einer radikalen Staatskritik.[156] Hayek hat sich auf solche Positionen nie eingelassen und die liberal-anarchistische Vorstellung zurückgewiesen, dass eine Großgesellschaft sich durch private Sicherheitsgemeinschaften und ohne Anerkennung gemeinsamer Regeln aufbauen lasse. Er hat sich im Wesentlichen die Einwände Robert Nozicks zu eigen gemacht, auch wenn er über den nozickschen Minimalstaat hinaus bereit ist, eine Reihe von nützlichen Staatsfunktionen anzuerkennen, und insbesondere gegen staatliche Dienstleistungen ohne Monopol- und Zwangscharakter keine grundsätzlichen Einwände hat.[157]

Die Erwähnung von Nozick und Buchanan drängt auch die Frage nach dem dritten wichtigen Vertragstheoretiker des 20. Jahrhunderts, nach John Rawls, auf. Hayeks Haltung gegenüber Rawls war ambivalent. Er wollte keinen grundsätzlichen Einwand gegen einen Autor formulieren, der in *Constitutional Liberty and the Concept of Justice* spezifische Systeme oder Verteilungen gewünschter Dinge nicht als gerecht oder ungerecht bestimmen will, sondern wie er selbst die Frage, ob eine Verteilung gerecht sei, daran knüpft, ob bestimmten Beschränkungen Genüge getan worden ist, die Institutionen und gemeinschaftliche Tätigkeiten dann beachten müssen, wenn Personen, die darin tätig werden, keine Vorbehalte gegen sie haben sollen.[158] Insoweit also Gerechtigkeit bei Rawls verstanden wird als Fairness eines Systems von Regeln, d.h. als Verfahrensgerechtigkeit, besteht zu Hayek keine wesentliche Differenz.[159] Die beiden Gerechtigkeitsgrundsätze von Rawls, dass nämlich erstens jedermann gleiches Recht auf das umfangreichste System gleicher Grundfreiheiten haben soll, das mit dem gleichen System für alle anderen verträglich ist, und dass zweitens Ungleichheiten so zu gestalten sind, dass vernünftigerweise zu erwarten ist, dass sie zu jedermanns Vorteil dienen und sie mit Positionen und Ämtern verbunden sind, die jedem offenstehen[160], sind in diesem Sinne mit Hayeks Gerechtigkeitskonzeption vereinbar. Allerdings dürften Hayek die rawlsschen Versuche zur Bestimmung der Inhalte von Gerechtigkeit zu weit gehen, weil er größere Zweifel hat, ob sich überhaupt Gerechtigkeit als Ideal so explizit und detailliert formulieren lässt, wie Rawls dies unternimmt.[161] Letztlich urteilt Hayek zurückhaltend über Rawls' *Theorie der Gerechtigkeit*: Sie ist für ihn nur auf den ersten Blick »unerhört plausibel« und hätte eine geplante Wirtschaft zur Konsequenz.[162] Abgesehen davon, dass er den von Rawls benutzten Begriff der »sozialen Gerechtigkeit« ablehnt, scheint Hayek daran zu zweifeln, ob sich im Sinne von Rawls wirklich beurteilen und steuern lässt, in welchem Maße Ungleichheit vertretbar ist. Unvorhergesehene Vorteile von Ungleichheit blieben ungenutzt, da Ungleichheit bei Rawls auf das Maß beschränkt wird, das als vorteilhaft für alle erkannt und gebilligt wird. Insofern ist das rawlssche Denken utilitaristischer, konstruktivistischer und mit Blick auf das evolutionäre Potenzial der Gesellschaften restriktiver, als es mit Hayeks Vorstellungen vereinbar ist: »Eine Rawls'sche Welt hätte nie zivilisiert werden können: jegliche Differenzierung aufgrund schicksalhaften Zufalls hätte sie unterbunden und damit die meisten Entdeckungen neuer Möglichkeiten verhindert. In solch einer Welt würden uns jene Signale fehlen, die allein dem einzelnen angeben können, was als Ergebnis von Tausenden von Veränderungen in unseren Lebensbedingungen jeder einzelne jetzt tun muß, um den Produktionsstrom in Fluß zu halten und wenn möglich zu vergrößern.«[163]

Hält man sich nicht an die Zeitgenossen Hayeks, sondern an die ideenhistorischen Klassiker, so richtet sich der Blick zuallererst auf Hayeks kompliziertes Verhältnis zu John Stuart Mill. Ihm gegenüber schwankte er auf eine eigenartige Weise zwischen Anziehung und Abstoßung.[164] Obwohl er sich zeitlebens intensiv mit Mill befasste und seine private Biografie unübersehbar in Parallelität zu Mill empfand, fehlt eine umfassende Auseinandersetzung. Aus der Fülle kürzerer Kommentare wird jedoch deutlich, dass er Mill dafür verantwortlich macht, den klassischen Liberalismus unter dem Einfluss des Positivismus Comtes in den Sozialismus transformiert zu haben. Als besonders verhängnisvoll schätzte Hayek ein, dass Mill als einer der Ersten die bis in unsere Zeit verbreitete Vorstellung formulierte, die Verteilung der Güter in einer Gesellschaft könne unabhängig von dem Problem der Produktion gelöst werden und es gebe keinen Zusammenhang zwischen Erwirtschaften und Verteilen. Man gewinnt den Eindruck, dass Hayek sich auch deswegen so von der Persönlichkeit Mills angezogen fühlt, weil er die mit Mills Namen verbundene Transformation des Liberalismus revidieren und dessen klassische Version wieder zur Geltung bringen will. Während in methodologisch und ökonomisch relevanten Fragen die Abgrenzung zu Mill überwiegt, lassen sich die Übereinstimmungen am deutlichsten in der Verfassungstheorie und Verfassungspolitik nachvollziehen.

Aus dem klassischen Liberalismus vor Mill ragen unter vielen Namen, die Hayek würdigt und zu schätzen weiß, vor allem zwei Autoren heraus, die er an argumentativ entscheidenden Stellen immer wieder als Referenzgrößen anführt: David Hume und Immanuel Kant. Gerade aus der doppelten Bezugnahme Hayeks auf Hume und Kant leiteten Kommentatoren übrigens bisweilen den Vorwurf ab, dass Hayeks Verteidigung der Freiheit sich in Widersprüche zwischen einer antirationalistischen und einer rationalistischen Konzeption verstricke.[165]

Im Falle Kants fällt ins Auge, was generell für Hayeks Umgang mit ideenhistorischen Größen zu sagen ist: Er verstand sich niemals wie etwa Isaiah Berlin in erster Linie als Ideenhistoriker, der seine Aufgabe in der akkuraten Auslegung früherer Autoren sah, sondern suchte in deren Schriften Bestätigung und aufhellende Formulierungen für eigene Überlegungen. Auf weite

Teile von Kants Werks, etwa den Aufklärungsbegriff oder die vertragstheoretische Begründung des Rechtsstaats, die sich in diesen Fragen von Hayeks Denken erheblich unterscheiden, geht er daher nicht wirklich ein, sondern konzentriert sich auf die Rezeption von Kants Rechtsphilosophie, wie sie vor allem in der *Metaphysik der Sitten* entwickelt wurde. An den moralphilosophischen Schriften des Königsbergers findet Hayek weniger Geschmack und begründet dies mit der ambivalenten Funktion des »kategorischen Imperativs« bei Kant: Soweit dieser – wie in der Rechtsphilosophie – als lediglich negativer Test zur Verwerfung von Moralregeln konzipiert ist, befindet sich Hayek in weitgehender Übereinstimmung zu Kant, dort aber, wo der »kategorische Imperativ« als Prämisse zu einem Deduktionsschluss angenommen wird, der den positiven Inhalt von Moralregeln ermitteln soll, betrachtet Hayek Kants Bemühungen als gescheitert.[166]

Im Vergleich zu Kant war David Hume für Hayek ohne Zweifel der wichtigere Bezugspunkt. Vor allem die skeptizistische Grundhaltung, die sich von der Erkenntnistheorie bis hin zu den Auffassungen zur Staatstätigkeit erstreckt, erweist sich im Werk beider als durchgängiges Motiv. Beide stehen für eine Moralphilosophie, die sich am Gegebenen orientiert, die Unzulänglichkeiten des Menschen und der von ihm hervorgebrachten Ordnungen respektiert und die sich von Bemühungen um allmähliches und behutsames Verbessern mehr verspricht als von einem ungeduldigen Perfektionismus. Gleichwohl fallen einige Begründungsunterschiede ins Auge, so vor allem der Umstand, dass die in Humes grundlegendem Frühwerk *A Treatise of Human Nature* so wesentliche Ambivalenz von Vernunft und Leidenschaft bei Hayek keine Rolle spielt.

Blickt man auf das Wiener Milieu, in dem Hayek sozialisiert wurde, so sind vor allem Carl Menger und Ludwig von Mises wichtige Referenzpunkte. Hayeks Verortung in der Österreichischen Schule könnte man sehr pointiert dahingehend charakterisieren, dass Hayek sich bei der Suche nach tragfähigen Argumenten für die von Mises aufgeworfene Frage, wie das wirtschaftliche Verhalten des Menschen und die aus ihm hervorgehenden Ordnungsformen zu verstehen seien, allmählich von dessen aprioristischem Rationalismus löste und sich auf die methodologischen Prämissen im Werk von Carl Menger zurückbesann.

Dass die bei Menger angesprochenen Fragen nach dem Verständnis kultureller und institutioneller Evolution auch außerhalb der Sozialwissenschaften in Wien eine Rolle spielten und auf Hayek einwirkten, zeigt sich bei einem Blick in die Naturwissenschaften und die Philosophie. So laden die evolutionsbiologischen Arbeiten von Konrad Lorenz bis Rupert Riedl zu anregenden Vergleichen und Kontrasten mit Hayeks kultureller Evolutionstheorie ein.[167] Das Entstehen von Ordnungen, die nicht bewusste Schöpfung des menschlichen Geistes, sondern der Tradition sind, findet sich darüber hinaus als Gedankengang zum einen in Wittgensteins Sprachphilosophie – etwa in dessen Ausführungen über Sprachverständnis und Regelbefolgung in den *Philosophischen Untersuchungen*[168] – und zum anderen noch ausgeprägter in Karl Poppers evolutionärer Erkenntnistheorie.[169]

Die langjährige Bekanntschaft und Freundschaft zu Popper gehört zu den ergiebigsten persönlichen Beziehungen in Hayeks Leben, auch wenn die Fragen, wer von beiden vom jeweils anderen mehr profitierte und inwieweit beide Denkwelten überhaupt miteinander vereinbar sind, schwierige und kontrovers diskutierte Interpretationsfragen aufwerfen.[170] Parallelen zwischen Hayek und Popper sind unübersehbar – etwa in der Kritik an Rationalismus, Szientismus und Historismus bzw. Historizismus oder in der Betonung des schrittweisen, evolutionären Verbesserns. Aber deutlich wird auch an vielen Stellen, dass Popper seine Erkenntnistheorie vor allem aus der Diskussion der Naturwissenschaft entwickelte, Hayek hingegen sozialwissenschaftliche Probleme im Blick hatte und anders als Popper von der prinzipiellen Verschiedenheit beider Wissenschaftsstränge ausging. Und auffällig ist nicht zuletzt, dass beide jeweils Wert auf eigene Begrifflichkeiten legten. Es scheint, als ob sie einander durch ihren Kontakt bestärkten, aber nicht spürbar beeinflussten. Während Popper Diskussionsbedingungen und Erkenntnisprobleme in der Gelehrtenrepublik thematisierte, bewegte Hayek die lebenspraktischere Frage der Bildung menschlicher Ordnungen mit all ihren wirtschaftlichen und politischen Detailproblemen. Poppers Vertrauen in die spontane Ordnung des Marktes war erkennbar geringer ausgeprägt, und seine politischen Auffassungen waren insgesamt wohl egalitärer und interventionistischer, weil seine kritische Erkenntnistheorie insgesamt optimistischer war. Beide vermieden es jedenfalls, Konfliktpunkte und Widersprüche – etwa Poppers Unbehagen gegenüber Hayeks *The Sensory Order* – offen zu thematisieren.[171]

Diskussion

Es sind bereits einige Kritik- und Diskussionspunkte zur Sprache gekommen, die an Hayeks Werk gerichtet werden. Wie sich bereits andeutete, steht eine Übersicht zu zentralen Fragen der Kritik und Revision von Hayeks Werk vor der Schwierigkeit, dass sich die Kritiken nicht auf einen Nenner bringen lassen, sondern die Einwände und Fragen von konträreren Positionen aus vorgetragen werden.

Ein erster Punkt, bei dem dies deutlich wird, ist das zentrale Thema von Freiheit und Zwang im Denken Hayeks. Aus sozialistischer Sicht besteht eine gängige Kritik an Hayek darin, dass sein Freiheitsbegriff verengt sei und Aspekte wie materielle Sicherheit oder Abwesenheit von Mangel ausdrücklich nicht umfasse. Solche Kritiker legen im Gegensatz zu Hayek den Begriff des Zwangs so aus, dass staatliche Planungseingriffe zugunsten ihres Freiheitsverständnisses begründet werden können. Planwirtschaft oder der weniger ambitionierte Interventionismus des Wohlfahrtsstaats stehen nach diesem Verständnis nicht im Widerspruch zur Freiheit, sondern dienen ihr.[172] Verwandt mit solcher Kritik sind Stellungnahmen, die im Widerspruch zu Hayek die Vereinbarkeit von individueller Freiheit und materiellem Egalitarismus begründen wollen.[173] Dagegen stehen indes libertäre oder liberal-anarchistische Autoren, die wie Rothbard Hayeks Definition von Zwang für viel zu diffus halten und darin eine unnötige, ja gefährliche Engführung des Freiheitsbegriffs sehen. Hayeks Begriff des Zwangs, von dem sein Freiheitsverständnis abhängt, enthält in der Tat einige Unschärfen und Inkonsistenzen und wirft daher einige interpretatorische Probleme auf, die unlängst einer eingehenden Analyse unterzogen wurden.[174]

Auch aus liberaler Warte wird Hayek gelegentlich vorgeworfen, den nichtökonomischen oder nichtmateriellen Aspekten von Freiheit zu wenig Aufmerksamkeit zu schenken. Viele für den politischen Liberalismus traditionell prägende Forderungen nach staatsbürgerlichen Freiheiten wie Redefreiheit oder Versammlungsfreiheit stehen in der Tat nicht im Fokus von Hayeks Interesse.[175] Er leugnet, was er als »politische Freiheit« definiert, keineswegs, aber sein Anliegen ist es, wirtschaftliche Freiheit als integralen Bestandteil und sogar als Voraussetzung für Freiheit im umfassenden Sinne überhaupt wieder in Erinnerung zu rufen. Im Zusammenhang mit den Debatten, die um die Vereinbarkeit des Liberalismus mit dem klassischen Republikanismus oder in jüngerer Zeit mit dem Kommunitarismus geführt wurden, wird aus Hayeks Werk vor allem das Argument herzuleiten sein, dass die Forderung nach politischer Freiheit nicht die individuelle Freiheit gefährden darf, sondern funktional auf diese bezogen werden muss.

Ein gängiger Vorwurf an den Neoliberalismus – und damit oft auch an Hayek – besteht darin, ihm eine Ökonomisierung des Sozialen und die Darstellung des Menschen als rational kalkulierendes Wesen zu bescheinigen. In Bezug auf Hayek geht es ins Leere, seinem Menschenbild Rationalitätskalküle im Sinne eines »homo oeconomicus« zu unterstellen, da er sich gegen solche Vorstellungen ausdrücklich wendet und Argumente für die nur begrenzte Rationalität des Menschen anführt. Auch eine Anwendung ökonomischer Verhaltensmodelle auf andere Lebensbereiche nimmt Hayek nicht vor. Er bestreitet allerdings, dass es eine abgrenzbare Sphäre des Sozialen gibt, wenn darunter verstanden wird, dass die Verteilung materieller Güter kein ökonomisches Problem sei. Hayeks Moralphilosophie geht davon aus, dass Produktion und Verteilung der materiellen Güter unauflöslich zusammenhängen und für beide nicht unterschiedliche Verhaltensregeln gelten können. Die Frage nach dem Primat des Ökonomischen, des Sozialen oder des Politischen ist für Hayek falsch gestellt, und das zusammenhängende Ordnungsproblem lässt sich nur durch eine zusammenhängende Moral lösen, nicht aber durch die Addition unvereinbarer Moralkonzepte.

Von größerem Gewicht als der Vorwurf, ein Neoliberalismus im hayekschen Sinne bedeute einen Primat des Ökonomischen über das Politische oder Soziale, ist die vor allem mit dem Namen Wilhelm Röpkes verknüpfte Frage nach den moralischen Voraussetzungen der marktwirtschaftlichen Ordnung.[176] Auch wenn man mit Hayek der Auffassung ist, dass die marktwirtschaftliche Ordnung moralische Regeln hervorbringt, von deren Geltung sie abhängt, ist damit nicht ausgeschlossen, dass es auch weitere moralische Voraussetzungen der Marktwirtschaft – oder im weiteren Sinne der spontanen Ordnung – gibt, die nicht völlig selbstverständlich aus der spontanen Ordnung hervorgehen oder von ihr erhalten werden. Hayek selbst sieht ausdrücklich die Gefahr, dass spontane Ordnungen moralische Regeln und Verhaltensweisen hervorbringen können, die ihren Fortbestand und ihre Geltung infrage stellen.

Eine breite Diskussion hat Hayeks Theorie kultureller Evolution erfahren, zumal deren Ausarbeitung in *The Fatal Conceit* unvollendet blieb.[177] Ob sich etwa die Ergebnisse der kulturellen Evolution, wie Hayek betont, am Bevölkerungswachstum messen, kann hinterfragt werden. Auch die Selektionskriterien des kulturellen Evolutionsprozesses wurden diskutiert: Neben wirtschaftlicher Effizienz können in bestimmten Konstellationen gewiss auch von Hayek vernachlässigte Kategorien wie sicherheitspolitische Widerstandskraft oder ökologische und demografische Nachhaltigkeit ausschlaggebend werden. Da Hayek seinen grundsätzlichen Optimismus hinsichtlich der Ergebnisse der Evolution an einigen Stellen durchaus relativiert und evolutionäre Sackgassen, kostspielige und blutige Fehlexperimente, Verfall der moralischen Grundlagen einer Zivilisation durchaus als Gefahr sieht, stellt sich zudem die Frage, inwieweit Evolutionsversagen durch eine begrenzte Planung vermieden werden kann. Hayeks Verfassungsmodell beispielsweise kann durchaus als Versuch einer Planung von Institutionen verstanden werden, deren Ziel es ist, die evolutionäre Offenheit einer politischen Ordnung zu bewahren oder gar zu erweitern.[178] So gibt es eine ganze Reihe von Gesichtspunkten, um die Hayeks Theorie der kulturellen Evolution ergänzt und weiterentwickelt werden kann, ohne dass damit ihre Grundaussagen infrage gestellt würden.

Hayeks Zweikammermodell ist immer wieder kritisch diskutiert worden. Dabei wurde zum einen aus politikwissenschaftlicher Sicht die Praktikabilität des Vorschlags bezweifelt, denn in der Tat ist beispielsweise zu hinterfragen, ob die Wahl und Arbeitsweise der Gesetzgebenden Versammlung von den Einflüssen des demokratischen Parteienwettbewerbs mit all seinen Konsequenzen freigehalten werden kann. Zum anderen wurde Hayek auch vorgeworfen, dass sein Verfassungsvorschlag ein recht unhayekianischer Konstruktivismus sei und insofern mit den methodologischen Prämissen nicht vereinbar.[179]

Ein von vielen Hayek-Exegeten aufgeworfenes und durchaus unterschiedlich beantwortetes Problem ist schließlich die Frage nach der Unterscheidung von eindeutigen Phasen in Hayeks Theorieentwicklung. Unzweifelhaft ist Hayeks Werk eine jahrzehntelange Suchbewegung, bei der sich nicht nur in einzelnen wirtschaftspolitischen oder verfassungspolitischen Anwendungsfragen unterschiedliche Antworten ergeben haben, sondern die auch in ihren methodologischen Grundlagen einem Wandel unterliegt. Diesen Wandel in Phasen exakt zu datieren fällt jedoch schwer, da die einzelnen Schriften Hayeks nicht aus einem Block gemeißelt sind, sondern jeweils die Summe aus einer Vielzahl von vorbereitenden Aufsätzen ziehen, in denen wichtige gedankliche Schritte vorweggenommen sind. Es spricht insgesamt viel dafür, dass die frühen geld- und konjunkturtheoretischen Arbeiten auf methodologischen Prämissen beruhen, die Hayek – ausgehend von seiner Londoner Antrittsvorlesung *The Trend of Economic Thinking* und dem wenig später entstandenen Aufsatz *Economics and Knowledge* – allmählich reflektiert und zumindest teilweise korrigiert. Anstelle einer scharfen Phasenbildung zwischen zwei oder gar drei Werkperioden, wie sie bisweilen angeboten wird, scheint insgesamt die Vorstellung einer geologischen Schichtung angemessener, die durch verschiedene Lagen unterschiedlicher Mächtigkeit gekennzeichnet ist und von denen mal die eine und mal die andere an die Oberfläche stößt.

Würdigung

Die Liste der diskussionswürdigen Fragen ließe sich leicht verlängern. Auf die zum Teil verwickelte Diskussion solcher und anderer Einwände kann an dieser Stelle nicht erschöpfend eingegangen werden. Hier kann nur versucht werden, diesen und anderen kritischen Einwänden eine Bilanz gegenüberzustellen, die Auskunft darüber gibt, worin der bleibende Beitrag Hayeks zur Methodologie der Wirtschafts- und Sozialwissenschaften, zur politischen Philosophie und zu den ideologischen Streitfragen des 20. Jahrhunderts gesehen werden kann. In einer solchen Würdigung von Hayeks Werk verdienen folgende Punkte besondere Beachtung:

1. Hayeks Theorie des Wettbewerbs hat ganz entscheidend zum Verständnis marktwirtschaftlicher Prozesse beigetragen. Mit dem Grundgedanken, dass freie Preise in einer Wettbewerbsordnung als Signale wirken, anhand deren die handelnden Individuen diejenigen Informationen erhalten und weitergeben können, die zur Koordinierung ihrer Aktivitäten notwendig sind, hat Hayek die Funktion des Marktprozesses auf eine ebenso eingängige wie tiefgründige Weise gedeutet. Dank dieses spontanen und dezentralen Verfahrens gelingt eine Koordination ohne Hierarchie und Zwang, und es kann weitaus mehr Wissen genutzt werden als durch alternative Organisationsmethoden, die das Wissen, das zur bestmöglichen Befriedigung der Bedürfnisse bei unvermeidlicher Knappheit erforderlich ist, zentral zusammenführen und steuern wollen. Hieraus lassen sich weitreichende Schlussfolgerungen darüber ziehen, dass unbeabsichtigte und unvorhersehbare Fehllenkungen und Kosten auftreten, wenn in die freie Preisbildung durch Fest-, Höchst- oder Mindestpreise eingegriffen wird. Für viele aktuelle Debatten der Wirtschafts- und Sozialpolitik ist Hayeks Werk daher unmittelbar relevant.

2. Ausgehend von seinem methodologischen Individualismus und seiner Theorie des Marktes hat Hayek begründet, warum jede Form von Planwirtschaft letztlich bei der Lösung des wirtschaftlichen Problems, eine Vielzahl von Bedürfnissen mit knappen Mitteln zu befriedigen, versagen muss. Das historische Anschauungsmaterial, das Planwirtschaften bis hin zu dem großen Experiment des Sozialismus im 20. Jahrhundert geliefert haben, belegt Hayeks theoretisch fundierte Voraussage, dass der Sozialismus keine geeignete Antwort auf die Bewältigung unserer konstitutiven Unwissenheit sei und als wirtschaftliches Ordnungsmodell allerorten scheitern müsse. Diese Erkenntnis hat sich nicht mit dem Epochenjahr 1989 erledigt, sondern bleibt darüber hinaus überall dort aktuell, wo planwirtschaftliche Lösungen in Teilbereichen wie etwa dem Gesundheitswesen, der sozialen Sicherung oder dem Bildungswesen existieren oder wo deren Ausdehnung diskutiert wird. Die Debatten, die nach 1989 von Anthony Giddens und anderen um »dritte Wege« geführt wurden, können über weite Strecken als Rückzugs- und Nachhutgefechte ehemaliger Sozialisten gelesen werden, die zumindest in Teilen Hayeks Argument zugunsten der marktwirtschaftlichen Ordnung anerkennen mussten.[180]

3. Hayek hat den theoretischen Nachweis geführt, dass Sozialismus – und damit jede Form von Kollektivismus – mit der Sicherung individueller Freiheit auf Dauer unvereinbar ist. Wer die Planung konkreter Verteilungsergebnisse als politische Zielvorstellung ernst nimmt, darf die Entscheidung über die Rangfolge der zu befriedigenden Zwecke nicht dem Einzelnen überlassen, sondern muss diese zentral festlegen und alle für den Wohlstand der Menschen relevanten Umstände kontrollieren. Jedes Zugeständnis an die individuelle Freiheit stellt eine Gefährdung der politisch zu bestimmenden Lenkungsentscheidungen dar. Über diesen Befund

lässt sich nur hinwegsehen, wenn man Freiheit umdeutet als Macht, Sicherheit oder Reichtum auf bescheidenem Niveau.

4. Hayeks Argumente sind bislang weder empirisch noch theoretisch widerlegt in Bezug auf das Verhältnis von Sozialismus und Demokratie. Der sozialistische Anspruch auf Zuweisung von Einkommen an die Menschen gemäß Kriterien einer wie auch immer auszulegenden »sozialen Gerechtigkeit« ist allenfalls dann einzulösen, wenn eine umfassende und zentralisierte Planung aller wirtschaftlichen Aktivitäten erfolgt. Die erforderliche Einheitlichkeit der Planung ist aber unvereinbar mit der Vorstellung, dass wechselnde demokratische Mehrheiten oder gar dezentrale Institutionen der Selbstverwaltung Beschlüsse fassen können, die an eigenen, abweichenden Präferenzen ausgerichtet sind. Wenn die sozialistischen Planungsziele ernst genommen werden sollen, sind allenfalls eine pseudo-demokratische Ermächtigung an einen Wirtschafts- oder Sozialdiktator oder ein korporatistischer Interessenschacher möglich.

5. Hayek hat zudem herausgearbeitet, dass die Demokratie zwar mit einer konsequenten Planwirtschaft unvereinbar ist, aber trotzdem sehr anfällig für sozialistische Tendenzen. Das Prinzip der Demokratie im Sinne der Partizipation an kollektiven Mehrheitsentscheidungen bietet keine Gewähr dafür, dass nicht der Raum individueller Freiheit zunehmend eingeschnürt wird, weil es im Interesse von Interessenkoalitionen liegt, Entscheidungen zu kollektivieren und komplexe Verteilungskoalitionen zu Lasten der individuellen Freiheit und des Privateigentums zu treffen. Ohne freiheitssichernde und die Staatstätigkeit begrenzende Institutionen und Regeln wohnt dem demokratischen Wettbewerb eine Tendenz zur Zurückdrängung individueller Freiheit und zur Umdeutung in »soziale«, »neue« oder andere Freiheiten inne,

die mit Ersterer substanziell nur wenig gemein haben. Die Überlastung der Demokratie durch eine Überdehnung ihres Regelungs- und Steuerungsanspruchs über die rechtsstaatlich begründbaren Staatsaufgaben hinaus kann, wie das 20. Jahrhundert mehrfach illustriert hat, in autoritäre oder totalitäre Herrschaftsformen führen, wenn der Wille und die Bereitschaft zu einer einheitlichen Gesellschaftsplanung ausgeprägt genug sind. Wo dieser Wille fehlt, kann sich ein demokratischer Wohlfahrtsstaat entwickeln, der sich von einem ernst zu nehmenden Sozialismus dahingehend unterscheidet, dass in ihm kein Wille zu einer einheitlichen Planung zum Ausdruck kommt, sondern er seinen Planungsanspruch auf eine immer unübersichtlicher werdende Überlagerung von Einzelinterventionen und Verteilungsmaßnahmen beschränkt, deren Wirkungen von niemandem überblickt werden. Ein Vorwurf, den man aus liberaler Sicht allerdings gegen Hayek erhoben hat, läuft darauf hinaus, dass er die Stabilität solcher Schwebezustände zwischen Marktwirtschaft und Sozialismus unterschätzt hat.

6. Mit seiner Rechts- und Verfassungstheorie liefert Hayek einen pointierten Beitrag zu den Debatten um Freiheit und Gerechtigkeit im modernen Verfassungsstaat, der neben den Ansätzen von Nozick, Buchanan und Rawls ebenbürtige Beachtung verdient. Hayeks Theorie richtet die Aufmerksamkeit darauf, dass Werte wie Freiheit, Gerechtigkeit, Gleichheit oder Solidarität nicht in beliebiger Auslegung nebeneinander gestellt werden können, sondern dass zwischen diesen Werten je nach Auslegung erhebliches Konfliktpotenzial besteht und der demokratische Verfassungsstaat sich in den Augen seiner Bürger durchaus diskreditieren kann, wenn er Unvereinbares verspricht, am Ende nur wenig einzulösen vermag und systematische Enttäuschungen produziert.

7. Von kaum zu unterschätzender Bedeutung sind Hayeks Argumente für einen methodologischen Individualismus zum Verständnis individuellen und kooperativen Handelns unter Regeln und in Institutionen. Die Entwicklungen in der »Rational-Choice«- und »Public-Choice«-Forschung in den Wirtschafts- oder Politikwissenschaften bestätigen insgesamt die Bedeutung der für Hayeks Denken konstitutiven Argumente zugunsten der Beachtung unvollständiger Information und der Grenzen rationalen Handelns. Diese Mikroperspektive kann ganz erheblich dazu beitragen, die Erklärungskraft von systemtheoretischen, kybernetischen und funktionalistischen Ansätzen zu verbessern. Vieles spricht dafür, dass der Begriff der »Ordnung«, wenn man ihn nicht in einem autoritativ-hierarchischen Sinne versteht, eine bessere Vorstellung als der mechanistische Begriff des »Systems« davon vermittelt, dass gesellschaftliche Gebilde und Verhaltensmuster aller Art zuallererst als das Zusammenwirken von Individuen und Gruppen verstanden werden müssen, dass das Verhalten der Individuen von Freiheit und unvollkommener Rationalität geprägt ist, dass viele spontane Anpassungsprozesse die Stabilität und Dynamik des jeweils Ganzen bewirken und dass schließlich die Funktionalität und die Plan- und Steuerbarkeit dieser gesellschaftlichen Gebilde größeren Grenzen unterliegen, als dies durch die Terminologie und Prämissen vieler systemtheoretischer Modelle bisweilen nahegelegt wird. In dieser Hinsicht bietet Hayeks Ordnungstheorie eine methodologische Alternative zu systemtheoretischen Fragestellungen, wie sie beispielsweise im Werk Niklas Luhmanns aufgeworfen werden, in dem die Grenzen der Plan- und Steuerbarkeit von Systemen gleichfalls eine zentrale Rolle spielen.

8. Zwar ist die Theorie kultureller Evolution von Hayek nicht mehr abschließend ausgearbeitet worden und lässt einige Fragen

offen, gleichwohl enthält sie viele Anregungen für ein Verständnis der Entwicklung und der Auslese von Verhaltensweisen und Institutionen, das die Probleme deterministischer und historizistischer Modelle umgeht. Es ist Hayeks Verdienst, aufgezeigt und in Erinnerung gerufen zu haben, dass es jenseits von schlichtem Sozialdarwinismus und marxistischer Dialektik einen alternativen Erklärungsweg zum Entstehen, zur Veränderung, zum Wettbewerb und zum Scheitern von Institutionen in universalhistorischer Perspektive gibt. Neuere Ansätze der Evolutorischen Ökonomik, der Evolutorischen Spieltheorie oder der Institutionenökonomik im Sinne von Douglass C. North zeigen, dass in diesen Fragen viel Potenzial liegt und Modelle entwickelt werden können, die einige Mängel von Hayeks Evolutionstheorie vermeiden.

9. Insbesondere die im Jahre 2008 ausgebrochene Finanzmarktkrise hat Hayeks Denken neue Resonanz beschert. Wer sie als Folge einer zu weit gehenden Liberalisierung deutet, wird sie als Beleg dafür ansehen, dass Hayeks Theorie der kulturellen Evolution und vom Wettbewerb als Entdeckungsverfahren zu optimistisch ist. Wer sie jedoch als Folge einer Politik des billigen Geldes, einer jahrzehntelang angehäuften Staatsverschuldung und einer interventionistischen Marktregulierung mit all ihren Fehlanreizen auf Banken, Konsumenten, Finanzpolitiker und Investoren begreift, wird dem Geld- und Konjunkturtheoretiker Hayek neue Aktualität auch dann zuerkennen, wenn man nicht allen Details seiner komplexen und keineswegs reibungslosen Theorie folgen mag. Denn als Antipode einer keynesianisch inspirierten Geld- und Finanzpolitik hat Hayek wichtige Argumente gegen die derzeit in fast allen Demokratien vorherrschende Kultur der Staatsverschuldung und gegen die sie flankierende Niedrigzinspolitik, gegen die Unterdrückung von notwendigen Preissignalen auf den Finanzmärk-

ten (z.B. bei der Verzinsung von Staatsanleihen), gegen die Anmaßung von Regulierungs- und Aufsichtswissen und gegen die Kollektivierung von Haftungsrisiken auf dem Finanzmarkt und zwischen den Mitgliedstaaten der europäischen Währungsunion geliefert. Aus hayekscher Sicht ist es zudem nicht überraschend, dass die europäische Währungsunion bislang der Wettbewerbsfähigkeit und der politischen Integration ihrer Mitgliedsstaaten nicht gedient, sondern ökonomische Interessenkonflikte geschürt und tiefgreifende Fragen nach der verfassungsrechtlichen und demokratischen Legitimation der europäischen Integration aufgeworfen hat und ihr historischer Erfolg noch fraglich ist.

10. Aus ideenhistorischer Perspektive kommt Hayeks Werk das Verdienst zu, eine zweite Tradition der Aufklärung wiederentdeckt zu haben, die lange Zeit im Schatten eines anmaßenden Vernunftbegriffs stand. Die Hybris des Menschen, der Tradition, Moral und Sitte dem Tribunal der ausdrücklichen Vernunft unterstellt und nur das gelten lässt, was er selbst in vollem Umfang versteht, bzw. den perfektionistischen Anspruch auf vernunftgemäße Neuordnung der Gesellschaft formuliert, ist Leitmotiv und Leitmotivation für Hayeks Werk. Sein Appell, die Grenzen der rationalen Einsichtsfähigkeit zu respektieren, richtet sich nicht zuletzt an den Wissenschaftler, der immer wieder in der Gefahr ist, seine intellektuellen Kräfte zu überschätzen: »Die Erkenntnis der unüberschreitbaren Grenzen seines Wissens sollte den Forscher auf dem Gebiet der Gesellschaft eine Demut lehren, die ihn davor bewahrt, ein Mitschuldiger in des Menschen unglückseligem Streben nach Beherrschung der Gesellschaft zu werden – ein Streben, das ihn nicht nur zum Tyrannen über seine Mitmenschen, sondern auch zum Zerstörer einer Zivilisation machen kann, die kein Verstand entworfen hat, sondern die erwachsen ist aus den freien Bemühungen von Millionen von Individuen.«[181]

Anhang

Anmerkungen

1 Erich Streissler/Monika Streissler, Friedrich August von Hayek, St. Augustin 1993; Christoph Zeitler, Spontane Ordnung, Freiheit und Recht, Frankfurt/M. u.a. 1995.
2 Gerd Habermann (Hg.), Philosophie der Freiheit: ein Friedrich-August von Hayek-Brevier, Bern [5]2008; Viktor J. Vanberg (Hg.), Hayek-Lesebuch, Tübingen 2011.
3 Hans Jörg Hennecke, Friedrich August von Hayek. Die Tradition der Freiheit, Düsseldorf 2000, S. 25. Der biografische Überblick folgt im Wesentlichen dieser Darstellung.
4 Hayek 1920.
5 Ludwig von Mises, Die Gemeinwirtschaft. Untersuchungen über den Sozialismus, Jena 1922.
6 Otto Neurath, Wissenschaftliche Weltauffassung, Sozialismus und Logischer Empirismus, hrsg. von Rainer Hegselmann, Frankfurt/M. 1979, S. 252 et passim.
7 Hoover Institution Archives, Hayek Collection 108.
8 Hayek 1929a, S. 103.
9 Wilhelm Röpke, Krise und Konjunktur, Leipzig 1929.
10 John M. Keynes, A Treatise on Money, 2 Bde., London 1930.
11 Hayek 1931.
12 Hayek 1946b.
13 Hayek 1933a.
14 John M. Keynes, The General Theory of Employment, Interest, and Money, London 1936.
15 Hayek 1941.
16 Hayek 1935.
17 Karl R. Popper, Die Logik der Forschung, Tübingen [3]1969.
18 Hayek 1936.
19 Walter Lippmann, An Inquiry into the Principles of the The Good Society, Boston 1937.

20 Erlenbach-Zürich 1942, 1944 und 1945.
21 Karl Popper, The Open Society and its Enemies, 2 Bde., London 1945.
22 Hoover Instituion Archives, Hayek Collection 106.
23 Hayek 1952b. Vgl. Hayek (2010).
24 Hayek 1944a.
25 Ebd., S. 101f.
26 George Orwell, Review of The Road to Serfdom by F.A. Hayek and The Mirror of the Past by K. Zilliacus, in: The Observer, 9. April 1944.
27 Hayek 1945b.
28 Hayek 1952a.
29 Hayek 1951.
30 Entwürfe, in: Hoover Institution Archives, Hayek Collection 61-20.
31 Hayek 1960. Dazu: Gerhard Schwarz/Michael Wohlgemuth (Hg.), Das Ringen um die Freiheit. Die »Verfassung der Freiheit« nach 50 Jahren, Zürich 2011.
32 Zur Mont Pèlerin Society siehe die grundlegende Studie von Philip Plickert, Wandlungen des Neo-Liberalismus: eine Studie zu Entwicklung und Ausstrahlung der »Mont Pèlerin Society«, Stuttgart 2008.
33 Hayek 1969a.
34 Hayek 1973-1979.
35 Popper an Hayek, 11.10.1974, in: Hoover Institution Archives, Hayek Collection 3-16.
36 Hayek 1974.
37 Hayek 1976a.
38 Hayek 1988.
39 Laurence Hayek, 11.5.2000.
40 Zur Bedeutung der erkenntnistheoretischen Grundlagen in Hayeks Werk siehe: Manfred E. Streit, Jenaer Beiträge zur Wirtschaftstheorie und Wirtschaftspolitik, Baden-Baden 2004, und William N. Butos (Hg.), The social science of Hayek's »The sensory order«, Bingley u.a. 2010.
41 Hayek 1920, S. 205, und Hayek 1952a, S. 52.
42 Hayek 1952a, S. 16.
43 Ebd., S. 46.
44 Ebd., S. 47.
45 Ebd., S. 51f.
46 Beide Zitate ebd., S. 71.
47 Hayek 1968b.

48 Hayek 1962.
49 Hayek 1967b.
50 Hayek 1952b.
51 Hayek 1935, S. 72.
52 Hayek 1952b.
53 Hayek 1969b, S. 213f.
54 Hayek 1936.
55 Ebd., S. 75.
56 Hayek 1945c und Hayek 1946a.
57 Hayek 1967c.
58 Hayek 1978a.
59 Hayek 1981a.
60 Hayek 1973-1979, S. 38.
61 Hayek 1984a, S. 198.
62 Hayek 1933a.
63 Hayek 1967a und 1969.
64 Hayek 1956, S. 13.
65 Hayek 1967c. Vgl. Adam Ferguson, An Essay on the History of Civil Society, London 1767, S. 187.
66 Bernard de Mandeville, The Fable of the Bees, or Private Vices, Public Benefits (1723), hrsg. von F.B. Kaye, Oxford 1924.
67 David Hume, A Treatise of Human Nature (1739-40), in: ders., Theory of Politics, ed. by Frederick Watkins, Edinburgh et. al. 1951, S. 5.
68 Carl Menger, Untersuchungen über die Methode der Sozialwissenschaften und der politischen Ökonomie im besonderen, Leipzig 1883, S. 141 et passim.
69 Hayek 1963.
70 Hayek 1967d.
71 Hayek 1973-1979, Kapitel 10.
72 Ebd., S. 265.
73 Ebd., S. 460-484.
74 Hayek 1984b und 1988, S. 21-25.
75 Charles Darwin, The Origin of Species (1859), ed. by Gillian Beer, Oxford 1996.
76 Jean-Baptiste Lamarck, Philosophie zoologique: ou exposition des considérations relatives à l'histoire naturelle des animaux (1809), Paris 1996.

77 Hayek 1988, S. 130-147.
78 Hayek 1980.
79 Hayek 1973-1979, S. 473, und 1988, S. 67 f.
80 Hayek 1973-1979, S. 476.
81 Hayek 1988, S. 148-153.
82 Hayek 1984b.
83 Hayek 1973-1979, S. 285.
84 Hayek 1988, S. 64 ff.
85 Hayek 1938.
86 Hayek 1944a, S. 107-118.
87 Hayek 1960, S. 22.
88 Ebd., S. 14.
89 Hayek 1973-1979, S. 58.
90 Hayek 1960, S. 171.
91 Ebd.
92 Ebd., S. 175.
93 Ebd., S. 173.
94 Dazu: Philipp Batthyány, Zwang als Grundübel in der Gesellschaft? Der Begriff des Zwangs bei Friedrich August von Hayek, Tübingen 2007.
95 Hayek 1960, S. 25.
96 Ebd., S. 178 f.
97 Hayek 1955.
98 Hayek 1960, S. 192.
99 Ebd., S. 205 f.
100 Ebd., S. 202.
101 Hayek 1973-1979, S. 58.
102 Ebd., S. 75.
103 Ebd., Kapitel 5 und 6.
104 Ebd., S. 125.
105 Ebd., S. 189.
106 Hayek 1959b, S. 29.
107 Hayek 1979.
108 Hayek 1976b, S. 188.
109 Hayek 1968a.
110 Hayek 1988, S. 124-129.
111 Hayek 1976c.
112 Hayek 1970.

113 Hayek 1981b.
114 Hayek 1976c, S. 198.
115 Hayek 1967e, S. 80.
116 Hayek 1944a, S. 66-78.
117 Hayek 1960, S. 110 u. 112.
118 Hayek 1960, S. 157.
119 Hayek 1973-1979, S. 235f.
120 Ebd., S. 171.
121 B.F. Skinner, Walden Two, New York 1948.
122 Hayek 1977a.
123 Hayek 1977b.
124 Hoover Institution Archives, Hayek Collection 94-16.
125 Hayek 1944a, S. 52-65.
126 Hayek 1960, Kapitel VII.
127 Hayek 1973-1979, S. 307-410.
128 Ebd., S. 411-433.
129 David Hume, Die Idee einer vollkommenen Republik (1752), in: ders., Politische und ökonomische Essays, hrsg. von Udo Bermbach, Hamburg 1988, S. 339-357.
130 John Stuart Mill, Considerations on Representative Government, London 1861.
131 Hayek 1953.
132 Hayek 1928.
133 Hayek 1929b.
134 Hayek 1960, S. 343-513.
135 Hayek 1929a, 1929b und 1933b.
136 Hayek 1950.
137 Artikelsammlungen zum Folgenden in: Hayek 1972 und 1978.
138 Hayek 1960, S. 362-385.
139 Hayek 1965a.
140 Hayek 1976a.
141 Zum Selbstverständnis siehe v.a.: Hayek 1944.
142 Interview mit Ralf Dahrendorf, in: Die Welt, 28.1.2006.
143 Hayek 1960, S. 515-533.
144 Michael Oakeshott, Rationalism in Politics (1947), in: Rationalism in Politics and other essays, Indianapolis 1991, S. 26-27.

145 Michel Foucault, Die Geburt der Biopolitik: Vorlesungen am Collège de France 1978-1979, Frankfurt/M. 2006.
146 Hayek 1954.
147 Hayek 1983b.
148 Hayek 1988, S. 127.
149 Vgl. Hans Willgerodt, Alfred Müller-Armack – der Schöpfer des Begriffs »Soziale Marktwirtschaft«, in: ORDO 50 (2001), S. 253-277.
150 Alexander Rüstow, Paläoliberalismus, Kommunismus und Neoliberalismus, in: Franz Greiß/Fritz Meyer (Hg.), Wirtschaft, Gesellschaft
151 Walter Eucken, Grundsätze der Wirtschaftspolitik, Tübingen 1952, S. 291-298.
152 Hayek 1953b, 1959 und 1973-1979, S. 371-404.
153 Franz Böhm, Privatrechtsgesellschaft und Marktwirtschaft, in: ORDO 17 (1966), S. 75-152.
154 Viktor Vanberg, Der Weg zur Freiheit. Der evolutionäre Liberalismus. Friedrich August von Hayeks und sein Verhältnis zur Freiburger Schule, in: Frankfurter Allgemeine Zeitung, 8.5.1999.
155 Viktor Vanberg, Liberaler Evolutionismus oder vertragstheoretischer Konstitutionalismus? Zum Problem institutioneller Reformen bei F. A. von Hayek und James M. Buchanan. Mit einem ergänzenden Beitrag von James Buchanan, Tübingen 1981.
156 Murray Rothbard, Die Ethik der Freiheit, St. Augustin 1999, S. 167-179 und 220-229.
157 Hayek 1981d.
158 Hayek 1973-1979, S. 251, 525 und 540. John Rawls, Constitutional Liberty and the Concept of Justice, New York 1963, S. 102.
159 Christian Watrin, Grenzen der Gleichheit in einer freiheitlichen Ordnung, in: ORDO 30 (1979), S. 159-175.
160 John Rawls, Eine Theorie der Gerechtigkeit, Frankfurt/M. 1975, S. 81.
161 Chandran Kukathas, Hayek and modern Liberalism, Oxford 1989, S. 65-79.
162 Hayek, Vorlesung »Moral, Wissenschaft und Sozialismus«, 23.6.1982, in: Hoover Institution Archives, Hayek Collection, 96-113.
163 Hayek 1988, S. 79.
164 Hayek 2014.
165 Chandran Kukathas, Hayek, a.a.O.
166 Hayek 1973-1979, S. 526.

167 Vgl. z.B. Konrad Lorenz, Er redete mit dem Vieh, den Vögeln und den Fischen, München 1949; Rupert Riedl, Evolution und Erkenntnis. Antworten auf Fragen aus unserer Zeit, München/Zürich 1982.
168 Ludwig Wittgenstein, Philosophische Untersuchungen, in: ders., Werkausgabe, Bd. 1, Frankfurt/M. 1984, Abschnitte 143-242.
169 Karl R. Popper, Objektive Erkenntnis. Ein evolutionärer Entwurf, Hamburg [4]1998.
170 Siehe hierzu: Calvin Hayes, Popper, Hayek and the Open society, London u.a. 2009.
171 Jeremy Shearmur, Hayek and After. Hayekian Liberalism as a research programme, London/New York 1996.
172 Carl Joachim Friedrich, Rezension zu: The Road to Serfdom, in: The American Political Science Review 39 (1945), S. 575-579.
173 Julian Nida-Rümelin, Eine Verteidigung von Freiheit und Gleichheit, in: Zeitschrift für Politik 53 (2006), S. 3-25.
174 Philipp Batthyány, Zwang, a.a.O.
175 Calvin Hoy, A Philosophy of Individual Freedom. The Political Thought of F.A. Hayek, Westport/London 1984, S. 121 f.
176 Wilhelm Röpke, Jenseits, a.a.O.
177 Horst Feldmann, Hayeks Theorie der kulturellen Evolution: Eine Kritik der Kritik, in: Thomas Eger (Hg.), Kulturelle Prägungen wirtschaftlicher Institutionen und wirtschaftspolitischer Reformen, Berlin 2002, S. 51-88.
178 Erich Weede, Überlegungen zur Wirtschaftsordnung und Friedensordnung, in: Analyse + Kritik 25 (2003), S. 60-79.
179 Zu dieser Debatte u.a. Volker Nienhaus, Persönliche Freiheit und moderne Demokratie. F. A. von Hayeks Demokratiekritik und sein Reformvorschlag eines Zweikammersystems, Tübingen 1982.
180 Anthony Giddens, Jenseits von Links und Rechts, Frankfurt 1997.
181 Hayek 1974, S. 98.

Literatur

a. Werke von Friedrich August von Hayek

Es liegt noch keine abschließende Bibliografie der Werke Hayeks vor. Eine recht umfassende, aber unvollständige Zusammenstellung findet sich bei Hans Jörg Hennecke, *Hayek*, a.a.O., S. 394-409. Seit 1988 erscheinen unter wechselnden Hauptherausgebern (William W. Bartley, Stephen Kresge, Bruce Caldwell) die *Collected Works* im Londoner Verlag Routledge und bei University of Chicago Press. Sie umfassen Neuausgaben der Hauptwerke, Aufsatzsammlungen und die Edition von unveröffentlichtem Archivmaterial aus dem Nachlass Hayeks, der sich in den Hoover Institution Archives in Stanford befindet.

Seit 2002 erscheinen die *Gesammelten Schriften* in deutscher Sprache (Herausgeber: Alfred Bosch, Manfred E. Streit, Viktor Vanberg, Reinhold Veit) im Verlag Mohr/Siebeck mit einigen Erst- und Neuübersetzungen (v.a. durch Monika Streissler), von denen Letztere früheren Übersetzungen durchweg vorzuziehen sind.

Im Folgenden sind Originalausgaben der Hauptwerke Hayeks angegeben. In Klammern folgen die maßgeblichen deutschsprachigen Ausgaben, ggf. mit einem Hinweis auf die Zählung in den *Gesammelten Schriften* (GS):

Geldtheorie und Konjunkturtheorie, Wien 1929.

Preise und Produktion, Wien 1931.

The Pure Theory of Capital, Chicago 1941 (dt.: Die reine Theorie des Kapitals, hrsg. von Erich Streissler, Tübingen 2007, GS B6).

The Road to Serfdom, London 1944 (dt.: Der Weg zur Knechtschaft, hrsg. von Manfred E. Streit, Tübingen [4]2004, GS B1).

John Stuart Mill and Harriet Taylor. Their Friendship and Subsequent Marriage, London/Chicago 1951.

The Sensory Order. An Inquiry into the Foundations of Theoretical Psychology, London 1952 (dt.: Die sensorische Ordnung. Eine Untersuchung der Grundlagen der theoretischen Psychologie, hrsg. von Manfred E. Streit, Tübingen 2006, GS B5).

The Counter-Revolution of Science, Glencoe 1952 (dt.: Mißbrauch und Verfall der Vernunft. Ein Fragment, hrsg. von Viktor Vanberg, Tübingen ^{3}2004, GS B2).

The »Political Ideal of the Rule of Law«, Cairo 1955 (dt.: Das politische Ideal der Herrschaft des Gesetzes, hrsg. von Manfred E. Streit, Baden-Baden 2010).

The Constitution of Liberty, London/Chicago 1960 (dt.: Die Verfassung der Freiheit, hrsg. von Alfred Bosch und Reinhold Veit, Tübingen ^{4}2005, GS B3).

Law, Legislation and Liberty. A New Statement of the liberal principles of justice and political economy, 3 Bde., London 1973, 1976 und 1979 (dt.: Recht, Gesetz und Freiheit. Eine Neufassung der liberalen Grundsätze der Gerechtigkeit und der politischen Ökonomie, hrsg. von Viktor Vanberg, Tübingen 2003, GS B4).

Denationalisation of Money. An Analysis of the Theory and Practice of Concurrent Currencies, London 1976 (dt.: Entnationalisierung des Geldes. Schriften zur Währungspolitik und Währungsordnung, Tübingen 2011).

The Fatal Conceit. The Errors of Socialism, London 1988 (dt.: Die verhängnisvolle Anmaßung. Die Irrtümer des Sozialismus, Tübingen 2011, GS B7).

Daneben gibt es eine Vielzahl von einander zum Teil überlappenden Aufsatzsammlungen in deutscher und englischer Sprache. In Klammern sind ggf. die Bandzählungen der *Collected Works* (CW) und der *Gesammelten Schriften* (GS) angegeben:

Monetary Nationalism and International Stability, London 1937 (dt. in: Hayek 2011).

Profits, Interests and Investments and other Essays on the Theory of Industrial Fluctuations, London 1939.

Individualism and Economic Order, London u.a. 1948 (dt.: Individualismus und wirtschaftliche Ordnung, Salzburg ^{2}1976).

Studies in Philosophy, Politics and Economics, Chicago/London 1967.
Freiburger Studien, Tübingen 1969.
New Studies in Philosophy, Politics, Economics and the History of Ideas, London 1978.
The Essence of Hayek, ed. by Chiaki Nishiyama/Kurt R. Leube, Stanford 1984.
Money, Capital, and Fluctuations: Early Essays, ed. by Roy McCloughery, Chicago 1984.
The Trend of Economic Thinking. Essays on Political Economists and Economic History, ed. by W.W. Bartley III and Stephen Kresge, London 1991 (CW III).
The Fortunes of Liberalism. Essays on Austrian Economics and the Ideal of Freedom, ed. by Peter G. Klein, London 1992 (CW IV).
In memoriam Friedrich August von Hayek 1899-1992. Schweizer Monatshefte für Politik, Wirtschaft, Kultur, Sondernummer 5a, Zürich 1992.
Contra Keynes and Cambridge. Essays, Correspondence, ed. by Bruce Caldwell, London 1995 (CW IX).
Die Anmaßung von Wissen. Neue Freiburger Studien, hrsg. von Wolfgang Kerber, Tübingen 1996.
Socialism and War. Essays, Documents, Reviews, ed. by Bruce Caldwell, Chicago 1997 (CW X).
Good Money, Part 1: The new world, ed. by Stephen Kresge, London 1999 (CW V).
Good Money, Part 2: The standard, ed. by Stephen Kresge, London 1999 (CW VI).
Wirtschaft, Wissenschaft und Politik. Aufsätze zur Wirtschaftspolitik, hrsg. von Viktor Vanberg, Tübingen 2001 (GS A6).
Grundsätze einer liberalen Gesellschaftsordnung. Aufsätze zur politischen Philosophie und Theorie, hrsg. von Viktor Vanberg, Tübingen 2002 (GS A5).
Rechtsordnung und Handelnsordnung. Aufsätze zur Ordnungsökonomik, hrsg. von Manfred E. Streit, Tübingen 2003 (GS A4).
Wissenschaft und Sozialismus. Aufsätze zur Sozialismuskritik, hrsg. von Manfred E. Streit, Tübingen 2004 (GS A7).
Wirtschaftstheorie und Wissen. Aufsätze zur Erkenntnis- und Wissenschaftslehre, hrsg. von Viktor Vanberg, Tübingen 2007 (GS A1).

b. Kommentierte Auswahlbibliografie

Hayeks Nachlass befindet sich neben anderen einschlägigen Sammlungen an der Hoover Institution on War, Revolution and Peace in Stanford, die Bestände seiner Privatbibliothek in der Universitätsbibliothek Salzburg und in der St. Galler Stiftung für Internationale Studien. Die erste Darstellung des intellektuellen Werdegangs auf Grundlage der archivalischen Quellen bietet Hans Jörg Hennecke, *Friedrich August von Hayek. Die Tradition der Freiheit*, Düsseldorf 2000. Lediglich auf der Auswertung von englischsprachigen Interviews und Schriften beruht die Biografie von Alan Ebenstein, *Friedrich Hayek. A Biography*, New York-Houndsmills 2001. Interpretatorisch gehaltvoller ist die Monografie des derzeit wohl besten Hayek-Kenners Bruce Caldwell, *Hayek's Challenge. An intellectual Biography of F.A. Hayek*, Chicago/London 2004. Umfangreiches Bildmaterial bietet die Broschüre von John Raybould, *Hayek. A Commemorative Album*, London 1998.

Mehrere autobiografische Interviews mit Hayek wurden Ende der 1970er Jahre geführt und 1994 (Hayek 1994) herausgegeben. Für deutsche Leser sehr informativ ist ein ORF-Interview von 1983 (Hayek 1983a). Eine ergiebige Quelle sind auch die Erinnerungen von Hayeks Sekretärin Charlotte E. Cubitt, *A Life of Friedrich August von Hayek*, Gamlingay 2006.

Für inhaltliche Einführungen in Hayeks Werk ist hier auf eine ebenso kurze wie gehaltvolle Broschüre aus der Feder des wichtigsten Vertreters der Österreichischen Schule in Österreich selbst und der besten Übersetzerin der Werke Hayeks und anderer englischsprachiger Ökonomen zu verweisen: Erich Streissler/Monika Streissler, *Friedrich August von Hayek*, St. Augustin 1993. Einen guten Überblick zu den Hauptthemen in Hayeks Denken gibt eine politikwissenschaftliche Dissertation: *Christoph Zeitler, Spontane Ordnung, Freiheit und Recht. Zur politischen Philosophie von Friedrich August von Hayek*, Frankfurt u.a. 1995. Sehr eingängig formuliert ist: Karen Ilse Horn: *Hayek für jedermann*, Frankfurt/M. 2011. Eine betont wirtschaftswissenschaftliche Einführung und Diskussion bietet: *Hansjörg Klausinger: Die größten Ökonomen: Friedrich A. von Hayek*, Konstanz/München 2013.

Unter den englischsprachigen Einführungen sind empfehlenswert das in Übersetzung vorliegende Werk von John Gray, *Freiheit im Denken Hayeks*, Tübingen 1995, Roland Kley, *Hayek's Social and Political Thought*,

Oxford 1994, oder Adam J. Tebble, *F.A. Hayek*, New York 2010. Lesenswert ist auch das Buch *Hayek and After Hayekian liberalism as a research programme*, London/New York 1996, aus der Feder von Jeremy Shearmur, einem früheren Assistenten von Karl Popper. Aus der französischen Hayek Rezeption ist auf das schon 1988 in Paris erschienene Werk *La société de droit selon F.A. Hayek* von Philippe Nemo zu verweisen.

Wer in der inzwischen weit verzweigten Debatte um Hayeks Werk einen Überblick sucht, sollte zu verschiedenen Sammelbänden greifen. Eine Dokumentation der zeitgenössischen Rezensionen bieten John C. Wood und Ronald N. Woods, *Friedrich A. Hayek. Critical Assessments*, 4 Bde., London/New York 1991. Erste Anlaufstelle für deutschsprachige Leser sollte der von Viktor Vanberg herausgegebene Jubiläumsband *Freiheit, Wettbewerb und Wirtschaftsordnung. Hommage zum 100. Geburtstag von Friedrich August von Hayek*, Freiburg 1999, sein. Auch im Jahrbuch ORDO, als dessen Mitherausgeber Hayek lange fungierte, finden sich seit dem als Festschrift gestalteten Band 30 (1979) immer wieder Diskussionen über Hayeks Werk. Unter den englischsprachigen Sammelbänden lohnt zur Orientierung ein Blick in Jack Birner/Rudy van Zijp (Hgg.), *Hayek, Co-ordination and Evolution. His legacy in philosophy, politics, economics and the history of ideas*, London/New York 1994, oder in Marina Colonna/Harald Hagemann/Omar F. Hamouda (Hgg.), *The Economics of Hayek*, 2 Bde., Aldershot/Brookfield 1994, oder aus jüngerer Zeit in Edward Feser (Hg.), *The Cambridge Companion to Hayek*, Cambridge u.a. 2006, Leslie Marsh (Hg.), *Hayek in Mind: Hayek's Philosophical Psychology*, Bingley u.a. 2011, oder Roger Frantz/Robert Leeson (Hgg.), *Hayek and Behavioral Economics*, Basingstoke u.a. 2013.

c. Siglen

Hayek 1920: Beiträge zur Theorie der Entwicklung des Bewußtseins, in: Hayek 1952a, S. 199-226.

Hayek 1928: Das Mieterschutzproblem, in: Hayek 2001, S. 181-207.

Hayek 1929a: Geldtheorie und Konjunkturtheorie, Jena 1929.

Hayek 1929b: Theorie der Preistaxen, Sonderabdruck aus: Közgazdasági Enciklopédia, Budapest 1929

Hayek 1929c: Gibt es einen Widersinn des Sparens?, in: Zeitschrift für Nationalökonomie 1 (1929), S. 387-429.
Hayek 1931: Preise und Produktion, Wien 1931.
Hayek 1933a: The Trend of Economic Thinking, in: Hayek (1991), S. 17-34.
Hayek 1933b: (ohne Titel), in: Der Stand und die nächste Zukunft der Konjunkturforschung. Festschrift für Arthur Spiethoff, München 1933.
Hayek 1935: (Hg.) Collectivist Economic Planning. Critical Studies on the Possibilities of Socialism, London 1935.
Hayek 1936: Wirtschaftstheorie und Wissen, in: Hayek 2007, S. 137-158.
Hayek 1938: Freiheit und Wirtschaftssystem, in: Hayek 2003, S. 153-161.
Hayek 1939: Die wirtschaftlichen Voraussetzungen föderativer Zusammenschlüsse, in: Hayek 1948, S. 324-344.
Hayek 1941: The Pure Theory of Capital, Chicago 1941 (Die reine Theorie des Kapitals, hrsg. von Erich Streissler, Tübingen 2007, GS B6).
Hayek 1944: The Road to Serfdom, London 1944 (dt.: Der Weg zur Knechtschaft, hrsg. von Manfred E. Streit, Tübingen [4]2004, GS B1).
Hayek 1945a: Wahrer und falscher Individualismus, in: Hayek 2002, S. 332.
Hayek 1945b: Institute of Economic Affairs (Hg.), The condensed version of The Road to Serfdom by F.A. Hayek as it appeared in the April 1945 edition of Reader's Digest/The Road to Serfdom in Cartoons. Originally published in the Look magazine. Reproduced from a booklet published by General Motors, Detroit, in the Thought Starter series no. 118, London 1999.
Hayek 1945c: Die Verwertung des Wissens in der Gesellschaft, in: Hayek 2007, S. 57-70.
Hayek 1946a: Der Sinn des Wettbewerbs, in: Hayek 1948, S. 122-140.
Hayek 1946b: The London School of Economics 1895-1945, in: Economica 13 (1946), S. 1-31.
Hayek 1948: Individualism and Economic Order, London u.a. 1948 (dt.: Individualismus und wirtschaftliche Ordnung, Salzburg [2]1976).
Hayek 1950: Vollbeschäftigung, Planwirtschaft und Inflation, in: Hayek 2001, S. 91-100.
Hayek 1951: John Stuart Mill and Harriet Taylor. Their Friendship and Subsequent Marriage, London/Chicago 1951.

Hayek 1952a: Die sensorische Ordnung. Eine Untersuchung der Grundlagen der theoretischen Psychologie, hrsg. von Manfred E. Streit, Tübingen 2006 (GS B5).

Hayek 1952b: The Counter-Revolution of Science, Glencoe 1952 (dt.: Mißbrauch und Verfall der Vernunft. Ein Fragment, hrsg. von Viktor Vanberg, Tübingen [3]2004 (GS B2).

Hayek 1953a: Substitute for Foreign Aid, in: The Freeman, 6.4.1953, S. 482ff.

Hayek 1953b: Marktwirtschaft und Wirtschaftspolitik, in: Hayek 2001, S. 3-14.

Hayek 1954: (Hg.) Capitalism and the Historians, London/Chicago 1954.

Hayek 1955: The Political Ideal of the Rule of Law, Kairo 1955 (dt.: Das politische Ideal der Herrschaft des Gesetzes, hrsg. von Manfred E. Streit, Baden-Baden 2010).

Hayek 1956: Über den »Sinn« sozialer Institutionen, in: Hayek 2003, S. 3-14.

Hayek 1957: Was ist und was heißt »sozial«?, in: Hayek 2002, S. 251-260.

Hayek 1959: Strukturpolitik und Wettbewerbspolitik, in: Hayek 2001, S. 15-29.

Hayek 1960: The Constitution of Liberty, London/Chicago 1960 (dt.: Die Verfassung der Freiheit, hrsg. von Alfred Bosch und Reinhold Veit, Tübingen [4]2005, GS B3).

Hayek 1961: Die Ursachen der ständigen Gefährdung der Freiheit, in: Hayek 2002, S. 63-68.

Hayek 1962: Regeln, Wahrnehmung und Verständlichkeit, in: Hayek 2007, S. 3-26.

Hayek 1963: Arten der Ordnung, in: Hayek 2003, S. 15-29.

Hayek 1965a: Was der Goldwährung geschehen ist. Ein Bericht aus dem Jahre 1932 mit zwei Ergänzungen, Tübingen 1965.

Hayek 1965b: Eine vorbildliche Entwicklungspolitik. Eindrücke von einer Studienreise durch Taiwan (Formosa), in: Frankfurter Allgemeine Zeitung, 20.11. 1965.

Hayek 1967a: Studies in Philosophy, Politics and Economics, Chicago 1967.

Hayek 1967b: Die Theorie komplexer Phänomene, in: Hayek 2007, S. 188-212.

Hayek 1967c: Die Ergebnisse menschlichen Handelns, aber nicht menschlichen Entwurfs, in: Hayek 2003a, S. 178-189.

Hayek 1967d: Rechtsordnung und Handelnsordnung, in: Hayek 2003, S. 35-73.

Hayek 1967e: Grundsätze einer liberalen Gesellschaftsordnung, in: Hayek 2002, S. 69-87.

Hayek 1967f: Der Wettbewerb als Entdeckungsverfahren, in: Hayek 1969a, S. 249-265.

Hayek 1968a: Die Sprachverwirrung im politischen Denken, in: Hayek 1969a, S. 206-231.

Hayek 1968b: Der Primat des Abstrakten, in: Hayek 2007, S. 27-42.

Hayek 1969a: Freiburger Studien, Tübingen 1969.

Hayek 1969b: Szientismus, in: Hayek 2007, S. 213-215.

Hayek 1970: Die Irrtümer des Konstruktivismus und die Grundlagen legitimer Kritik gesellschaftlicher Gebilde, in: Hayek 2004, S. 16-37.

Hayek 1972: A Tiger by the Tail: The Keynesian Legacy of inflation. A 40 years' running commentary on Keynesianism by F.A. Hayek, hrsg. von Sudha Shenoy, in: ders., Economic Freedom, Oxford u.a. 1991, S. 1-123.

Hayek 1973-1979: Law, Legislation and Liberty. A New Statement of the liberal principles of justice and political economy, 3 Bde., London 1973, 1976 und 1979 (dt.: Recht, Gesetz und Freiheit. Eine Neufassung der liberalen Grundsätze der Gerechtigkeit und der politischen Ökonomie, hrsg. von Viktor Vanberg, Tübingen 2003, GS B4).

Hayek 1974: Die Anmaßung von Wissen, in: Hayek 2007, S. 87-98.

Hayek 1975: Zwei Arten des Denkens, in: Hayek 2007, S. 48-54.

Hayek 1976a: Denationalisation of Money. An Analysis of the Theory and Practice of Concurrent Currencies, London 1976 (Entnationalisierung des Geldes. Eine Analyse der Theorie und Praxis konkurrierender Umlaufsmittel, Tübingen 1977).

Hayek 1976b: Die Illusion der sozialen Gerechtigkeit, in: Hayek 2004, S. 186-196.

Hayek 1976c: Der Atavismus »sozialer Gerechtigkeit«, in: Hayek 2004, S. 197-208.

Hayek 1977a: Soziale Gerechtigkeit – eine Fata Morgana, in: Frankfurter Allgemeine Zeitung, 16.4.1977.

Hayek 1977b: Das totalitäre Gesicht des Sozialismus, in: Frankfurter Allgemeine Zeitung, 11.6.1977.

Hayek 1978a: Zur Bewältigung von Unwissenheit, in: Hayek 2007, S. 99-108.

Hayek 1978b: Der Feldzug gegen die keynesianische Inflation, in: Hayek 2001, S. 121-160.

Hayek 1979: Wissenschaft und Sozialismus, in: Hayek 2004, S. 52-62.

Hayek 1980: 1980's Unemployment and the Unions. Essays on the impotent price structure of Britain and monopoly in the labour market, London 1980.

Hayek 1981a: Der Strom der Güter und Leistungen, in: Hayek 1996, S. 130-147.

Hayek 1981b: »Ungleichheit ist nötig«. Interview mit F.A. von Hayek, in: Wirtschaftswoche, Nr. 11, 6.3.1981.

Hayek 1981c: The flaws in the Brandt Report, in: The Times, 9.1.1981.

Hayek 1981d: Plädoyer für eine Gesellschaft freier Menschen und von den moralischen Grundlagen der Marktwirtschaft und vom Libertarismus. Ein Interview von Andreas K. Winterberger mit Friedrich August von Hayek, in: Zürichsee-Zeitung, 5.12.1981.

Hayek 1983a: Markt, Plan, Freiheit. Franz Kreuzer im Gespräch mit Friedrich von Hayek und Ralf Dahrendorf, Wien 1983.

Hayek 1983b: Die Wiederentdeckung der Freiheit – Persönliche Erinnerungen, in: Produktivität, Eigenverantwortung, Beschäftigung. Für eine wirtschaftspolitische Vorwärtsstrategie, hrsg. vom Verband Deutscher Maschinen- und Anlagenbau und dem Institut der deutschen Wirtschaft, Köln 1983, S. 9-22.

Hayek 1984a: Einzelwissen und Gesamtordnung, in: Hayek 2003, S. 190-198.

Hayek 1984b: Sitte, Ordnung und Nahrung. Über die Ethik des Eigentums und die Entwicklung der Kulturen, in: Frankfurter Allgemeine Zeitung, 30.7.1983.

Hayek 1988: The Fatal Conceit. The Errors of Socialism, London 1988 (dt.: Die verhängnisvolle Anmaßung. Die Irrtümer des Sozialismus, Tübingen 1996).

Hayek 1991: The Trend of Economic Thinking. Essays on Political Economists and Economic History, ed. by W.W. Bartley III and Stephen Kresge, London 1991 (CW III).

Hayek 1994: Hayek on Hayek. An Autobiographical Dialogue, ed. by Stephen Kresge/Leif Wenar, Chicago 1994 (CW Supplement).

Hayek 1996: Die Anmaßung von Wissen. Neue Freiburger Studien, hrsg. von Wolfgang Kerber, Tübingen 1996.

Hayek 2001: Wirtschaft, Wissenschaft und Politik. Aufsätze zur Wirtschaftspolitik, hrsg. von Viktor Vanberg, Tübingen 2001.
Hayek 2002: Grundsätze einer liberalen Gesellschaftsordnung. Aufsätze zur Politischen Philosophie und Theorie, hrsg. von Viktor Vanberg, Tübingen 2002 (GS A5).
Hayek 2003: Rechtsordnung und Handelnsordnung. Aufsätze zur Ordnungsökonomik, hrsg. von Manfred E. Streit, Tübingen 2003 (GS A4).
Hayek 2004: Wissenschaft und Sozialismus. Aufsätze zur Sozialismuskritik, hrsg. von Manfred E. Streit, Tübingen 2004 (GS A7).
Hayek 2007: Wirtschaftstheorie und Wissen. Aufsätze zur Erkenntnis- und Wissenschaftslehre, hrsg. von Viktor Vanberg, Tübingen 2007 (GS A1).
Hayek 2010: Studies on the Abuse and Decline of Reason. Text and Documents, ed. by Bruce Caldwell, London 2010 (CW 13).
Hayek 2011: Entnationalisierung des Geldes. Schriften zur Währungspolitik, hrsg. von Alfred Bosch/Reinhold Veit/Verena Veit-Bachmann, Tübingen 2011 (GS A3).
Hayek 2014: Hayek on Mill. The Mill-Taylor Friendship and Related Writings, London 2014 (i. E., CW 16).

Zeittafel

1899	Geburt am 8. Mai in Wien als ältester von drei Söhnen des Arztes und Botanikers August von Hayek und dessen Frau Felicitas, geb. Juraschek
1917	Matura am Wiener Elisabeth-Gymnasium
1917-1918	Kriegsteilnahme an der Piave-Front
1918-1921	Studium der Rechtswissenschaften in Wien
1921	Promotion zum »Dr. iur.«
1921-1926	Juristische Tätigkeit im Abrechnungsamt
1923	Staatswissenschaftliche Dissertation zum Problem der Zurechnungslehre bei Othmar Spann und Hans Kelsen; Promotion zum »Dr. rer. pol.«
1923-1924	Forschungsreise in die USA zum Studium der Methoden der Konjunkturtheorie und Konjunkturbeobachtung
1924	Teilnehmer des »Privatseminars« von Ludwig von Mises
1926	Heirat mit Hella von Fritsch. Geburt der Kinder Christine (1929) und Laurence (1934)
1927	Erster Leiter des Österreichischen Instituts für Konjunkturforschung
1931-1949	London School of Economics and Political Science
1938	Annahme der britischen Staatsbürgerschaft
1938	Teilnahme am Walter-Lippmann-Colloquium in Paris
1941-1944	Arbeit an dem Projekt »The Abuse and Decline of Reason«
1944	*The Road to Serfdom*
1947-1960	Gründungspräsident der Mont Pèlerin Society
1949/50	Gastprofessor in Fayetteville (Arkansas)
1950	Scheidung von seiner Frau Hella und zweite Heirat mit seiner Jugendliebe Helene Warhanek, geb. Bitterlich
1950-1962	Professur für »Social and Moral Science« beim »Committee on Social Thought« der Universität Chicago

1960	*The Constitution of Liberty*
1962-1969	Inhaber des Lehrstuhls für Wirtschaftspolitik an der Universität Freiburg
1969-1977	Gastprofessur an der Universität Salzburg
1973-1979	*Law, Legislation and Liberty*
1974	Verleihung des Nobelpreises für Wirtschaftswissenschaften in Anerkennung seiner frühen konjunkturtheoretischen Arbeiten gemeinsam mit Gunnar Myrdal
1977	Rückkehr nach Freiburg
1982	Mitglied des Ordens »Pour le Mérite für Wissenschaften und Künste«
1984	Ernennung zum »Companion of Honour« durch Elizabeth II.
1991	Auszeichnung mit der »Presidential Medal of Freedom« durch US-Präsident George H. W. Bush
1992	Tod am 23. März und katholische Beisetzung auf dem Friedhof Neustift in Wien

Hans Jörg Hennecke wurde 1971 in Zülpich geboren. Nach einem Studium der Politischen Wissenschaft, der Mittelalterlichen und Neueren Geschichte sowie des Staatsrechts in Bonn und Wien wurde er 2000 in Bonn promoviert und 2003 in Rostock habilitiert. Seit 1999 lehrt er – zunächst als wissenschaftlicher Assistent, später als Privatdozent und seit 2010 als außerplanmäßiger Professor – an der Universität Rostock. Nach einer Tätigkeit in der Staatskanzlei des Landes Nordrhein-Westfalen war Hennecke von 2006 bis 2008 Heisenberg-Stipendiat der DFG an der Universität Duisburg-Essen und vertrat bis 2010 den Lehrstuhl für Vergleichende Regierungslehre an der Christian-Albrechts-Universität zu Kiel. Er ist seither für einen Wirtschaftsverband in Düsseldorf tätig. Seine Arbeitsschwerpunkte sind: Regierungslehre, Zeitgeschichte und Ideengeschichte. Zu seinen Veröffentlichungen zählen: *Friedrich August von Hayek. Die Tradition der Freiheit*, Düsseldorf 2000; *Die dritte Republik. Aufbruch und Ernüchterung*, München 2003; *Wilhelm Röpke. Ein Leben in der Brandung*, Stuttgart/ Zürich 2005; *Staat und Ordnung im konservativen Denken*, Baden-Baden 2013 (Hrsg. mit Michael Großheim).